ज्योतिष विशेषांक

(मान्यताएं तथा पौराणिक सन्दर्भ कथाएं)

ललित मोहन कगड़ियाल

ZORBA BOOKS

Published by Zorba Books, May 2024
Website : www.zorbabooks.com
Email : info@zorbabooks.com

<u>**Title :-**</u> ज्योतिष विशेषांक: मान्यताएं तथा पौराणिक सन्दर्भ कथाएं

Author Name : ललित मोहन कगड़ियाल

Copyright © : ललित मोहन कगड़ियाल

Printbook ISBN :- 978-93-5896-245-1

Ebook ISBN :- 978-93-5896-212-3

The publisher under the guidance and direction of the author has published the contents in this book, and the publisher takes no responsibility for the contents, its accuracy, completeness, any inconsistencies, or the statements made. The contents of the book do not reflect the opinion of the publisher or the editor. The publisher and editor shall not be liable for any errors, omissions, or the reliability of the contents of the book.

Any perceived slight against any person/s, place or organization is purely unintentional.

Zorba Books Pvt. Ltd. (opc)
Sushant Arcade,
Next to Courtyard Marriot,
Sushant Lok 1, Gurgaon – 122009, India

Printed by Manipal Technologies Limited
A1 & A2 Shivalli Industrial Area Manipal Udupi, Karnataka - 576104

हे सर्वज्ञ ! सर्वव्यापी, हे अनंत तारक निराकार,

हे गुणातीत, हे विचारातीत, हे भावातीत,

हे शाश्वत ब्रह्म शिवोहम् !

संकल्प

ज्योतिष की प्रारंभिक शिक्षा मैंने अपने स्वर्गीय दादाजी के शोध पत्रों से प्राप्त की। पश्चात देवभूमि हरिद्वार, ऋषिकेश के ज्योतिष आचार्यों के सानिध्य में रहकर ज्योतिष का अध्ययन शुरू किया।

इसके दो वर्ष पश्चात विधिवत रूप से परंपरागत शिक्षा प्राप्त की। राजकीय महाराज आचार्य संस्कृत महाविद्यालय जयपुर द्वारा ज्योतिष पर प्रशस्ति पत्र प्राप्त हुआ। अखिल भारतीय प्राच्य ज्योतिष शोध संस्थान से वेदांग भूषण की उपाधि प्राप्त की।

हिमालय की सुदूर यात्राओं के समय ये जानने का मौका मिला कि ज्योतिष किसी न किसी रूप में सब जगह था। कुछ घटा जिसने मेरे दृष्टिकोण को नए आयाम दिए। परिणामस्वरूप ज्योतिष मेरे लिए आजीविका का साधन न होकर एक साध्य का विषय बना।

पूर्वजों की धरोहर को शोध द्वारा आधिकारिक रूप से सामान्य जनमानस की सेवा कर और ज्योतिष को परंपरागत भाषा से इतर, शोध से प्राप्त सूत्रों को वैज्ञानिक दृष्टिकोण से पाठकों तथा ज्योतिष के जिज्ञासुओं तक सामान्य रूप से पहुंचा सकूं, यही मेरा संकल्प है। विगत 23 वर्षों से विभिन्न रूप से मैं आप सभी की सेवा में प्रस्तुत हूं।

सादर प्रणाम
ललित मोहन कगड़ियाल

अनुक्रमणिका

1. ज्योतिष

वेदों को परम सत्य माना गया है । वेद सबसे प्राचीन पवित्र ग्रंथों में से हैं । उनमें भौतिक अलौकिक सभी विषयों का ज्ञान निहित है । आज 'चतुर्वेद' के रूप में ज्ञात ग्रंथ हैं - ऋग्वेद, यजुर्वेद, सामवेद और अथर्ववेद । वेदों के अध्ययन के लिए उनको छह भागों में विभाजित किया है जो वेदांग कहलाते हैं - शिक्षा, निरुक्त, व्याकरण, छन्द, कल्प और ज्योतिष ।

"छन्दः पादौ तु वेदस्य हस्तौ कल्पोऽथ पठ्यते

ज्योतिषामयनं चक्षुर्निरुक्तं श्रोत्रमुच्यते।

शिक्षा घ्राणं तु वेदस्य मुखं व्याकरणं स्मृतम्

तस्मात्सांगमधीत्यैव ब्रह्मलोके महीयते।।"

छन्द को वेदों का पैर, कल्प को हाथ, ज्योतिष को नेत्र, निरुक्त को कान, शिक्षा को नाक, व्याकरण को मुख कहा गया है।

ज्योतिष वेदांग है । ज्योतिष शास्त्र सूर्य, पृथ्वी, नक्षत्रों की गति और स्थिति की गणना करता है । ज्योतिष के शोधार्थियों को पुस्तकों में लिखे सूत्रों के साथ- साथ अन्य कारकों पर भी समग्र दृष्टि रखनी चाहिए । गुरु अवश्य धारण करना चाहिए । बिना गुरु, पुस्तकों के सूत्र मात्र किताबी आखर के समान व्यवहार करने लगते हैं । राहु भारी है, शनि मारक है, मंगल बिगड़ गया है । इन शब्दों, इन विचारों से ऊपर दृष्टि जाना असंभव हो जाता है, बिना गुरु के सानिध्य के । ज्योतिष आकाश से लेकर पाताल और पहाड़ों से लेकर समुद्र तक फैला पड़ा है । वृक्षों से लेकर कीट पतंगों पर इसका

अधिकार है। कुछ सूत्रों को प्रदर्शित करने के लिए, पुरानी मान्यताओं का आधार भी ज्योतिषी को लेना पड़ सकता है। ज्योतिष व्यवहार से भी प्रदर्शित होता है व आंकड़ों से भी। बिल्ली के रास्ता काटने में भी ज्योतिष है व घर के ऊपर से निकला परिंदा भी ज्योतिष के सूत्र बताता है। इसी प्रकार नौ ग्रह और बारह भाव के विशिष्ट ज्ञान के साथ, एक ज्योतिषी को गणित, इतिहास, भूगोल, प्राणी विज्ञान, मनोविज्ञान, वनस्पति शास्त्र आदि की जानकारी रखना आवश्यक है।

प्रश्न ये उठता है कि गुरु कौन है। सर्वप्रथम आपकी अंतरात्मा आपकी गुरु है। दूसरा गुरु आपका विवेक है। इस विद्या को विधिवत गुरुओं द्वारा प्राप्त कर के ही अज्ञात को स्पष्ट कर प्रत्यक्ष किया जाता है कंपास, एल्टीट्यूड, ग्रेविटी, लैंड, टेक ऑफ आदि कुछ शब्दों की मात्र जानकारी जैसे किसी को भी पायलट नहीं बना सकती, उसी प्रकार 9 ग्रह व 12 भाव और 27 नक्षत्र की रटन विद्या किसी को भी योग्य ज्योतिषी नहीं बना सकती। अतः गुरु आवश्यक हो जाता है, अनिवार्य हो जाता है।

तीसरा गुरु प्रकृति होती है।

हर धर्म, जाति सम्प्रदाय विशेष के अपने रिवाज होते हैं। अपनी अवधारणा होती हैं। अपने सिद्धांत होते हैं। इनका सीधा संबंध ज्योतिष से होता है। इन्हें जाने बगैर या कहें इनका अध्ययन किये बिना इन्हें नकारना इनका विरोध करना एक ज्ञान कोष को नकारना है जिसमें अपार संभावनाएं छुपी थी।

प्रदेशों के, जातियों के, इलाकों के अलग-अलग रिवाज अपनी सीमाओं के दायरे में अपनी-अपनी आवश्यकताओं के अनुरूप कुछ नियम हैं। ये सब

ज्योतिष के नियमों के सहायक हैं। हिमालय गढ़वाल में जब दूर बसे होने से व यातायात के साधनों का अभाव होने से किसी विवाह अथवा किसी भी भोज में कहीं निमंत्रण मिलता तो गुड़ का बना मीठा भात पहले परोसा जाता, किन्तु मीठा तो अमूमन भोजन के अंत में खाया जाता है। मीठा सदा खाने की तृप्ति प्रदान करता है। तीखे भोजन को पचाने के लिए शरीर को अधिक आराम की आवश्यकता होती है। अतः पहले मीठा परोस दिया जाता है ताकि आपकी भूख नियंत्रित हो जाये। आप बाद में मिलने वाला तीखा भोजन कम खाएं, जिस कारण आपको असमय नींद का सहारा न लेना पड़े। आप दूर के अपने गंतव्य के लिए सही समय पर प्रस्थान कर सकें। वहीं विलासिता से भरे जीवन में भोजन से पूर्व तीखा सूप आदि परोसने का रिवाज है। ताकि आपकी भूख खुल जाये आप डटकर भोजन करें व पश्चात तृप्ति के लिए कुछ मीठा खाएं। अब नींद भी बेहतर आएगी। गलत कोई नहीं बस अपनी-अपनी आवश्यकताएं, अपनी जरूरतें। स्थान विशेष की अपनी आवश्यकताएं होती हैं। उन्हें बिना महसूस किए, बिना जाने विरोध करना अक्लमंदी के दायरे में नहीं आता।

आकाश से गुजरते पंछी आपके घर पर पड़ती आकाशीय नकारात्मक ऊर्जाओं को विखंडित करने में सहायक होते हैं। आपको ज्ञात ही नहीं कि कितने परिंदे कब आकर उन नकारात्मक ऊर्जाओं को बाधित कर गए आपके लिए। इसलिए छत पर आपको बाजरा अनाज दाने डालने की सलाह आपके ज्योतिषी द्वारा दी जाती है। अनाज की उपलब्धता परिंदों को आपके छत के ऊपर से निकलने को आमंत्रित करती है। ये सब ज्योतिष के विषय हैं। ज्योतिष आपकी दैनिक जीवनचर्या के साथ चलने वाला एक सिद्धांत है।

बहुत सी ऐसी बातें हैं, जो अनुभव की कमी से हमें व्यर्थ प्रतीत होती हैं।

भारत सामान्यतः एक गर्म देश है। नाभकीय कक्षाओं से सूर्य का भ्रमण अधिकतर दक्षिणी कोण से यहां होता है। अतः मकान बनाते समय यथासंभव दक्षिण मुखी मकानों से परहेज रखा जाता है, ताकि दिनभर के सूर्य के ताप से बचाव हो सके, ये भूगोल के अंतर्गत आने वाला विषय है। अगर आप भौतिकी के विद्यार्थी रहे हैं तो नाभकीय विद्युत ऊर्जा से होने वाले नुकसान के विषय में आपने अवश्य पढ़ा होगा। बड़ी-बड़ी इमारतों में सिविल इंजीनियर ताडिचालक द्वारा अर्थिंग का कनेक्शन जमीन के भीतर डालते हुए आपने अवश्य देखे होंगे। अब संभवतः मकान के वास्तु के रूप में चांदी के नाग और तांबे का लोटा बुनियाद के एक कोने में दबाने का अर्थ ज्ञात हो रहा हो। ज्योतिष में पारंगत होने के लिए एक भाषा विशेष की कुछ पंक्तियां रटने की आवश्यकता नहीं है। रोजमर्रा के जीवन में घटित होने वाली घटनाओं पर समग्र दृष्टि रखने से, प्रत्येक घटना को अपना गुरु मानने से व नित एक जिज्ञासु छात्र बने रहने से आप इस विद्या पर नियंत्रण पाते हैं। अतः निरंतर कुछ नया सीखने हेतु तत्पर रहें। शास्त्र विधित सम्यक निरंतर प्रयास ही आपको एक योग्य ज्योतिषी बनाएंगे और आपके अनुभव की चमक से ये विद्या फलित हो जाएगी।

सादर प्रणाम।

2. चन्द्र कुंडली

मनुष्य के जन्म समय में पूर्व दिशा में जिस राशि का उदय हो रहा होता है वह राशि जातक की जन्म लग्न राशि कहलाती है। प्रथम भाव में उसी राशि को लिख कर लग्न बनाया जाता है। उस समय विशेष में चंद्रमा जिस भी राशि में भ्रमण कर रहा होता है, वो ही जातक की जन्म राशि कहलाती है। लग्न कुंडली के बाद जिस राशि में चंद्रमा होता है उसे लग्न मानकर एक और कुंडली का निर्माण होता है जो चन्द्र कुंडली कहलाती है। अब लग्न कुंडली और चन्द्र कुंडली में क्या अंतर होता है ये एक ऐसा विषय है जिस पर विद्वान ज्योतिषियों को मतभेद रह सकता है। जन्म कुंडली जातक के लिए ईश्वर द्वारा निर्धारित फैसलों का प्रतिबिम्ब होती है। उन विशेष परिस्थितियों, उन विशेष नियमों से जातक को मिलना ही होता है। इस पर जातक का कोई नियंत्रण नहीं होता। ये पूर्वार्ध है। आपके किये गए कर्मों का लेखा जोखा। किन्तु चन्द्र कुंडली वो है जिसकी सहायता से जातक उन नियमों सिद्धांतों, उन पूर्व निर्धारित फैसलों में बचाव खोजने का प्रयास करता है। यहाँ से हम देखते हैं की कहाँ और कैसे किस ग्रह के साथ कोई व्यवहार अपनाकर दूर किया जा सकता है, गतिवान किया जा सकता है और सफलता पाई जा सकती है।

एक बार चन्द्र कुंडली को लग्न मान कर फलित करने का प्रयास कीजिये, ऐसे तथ्य जातक के बारे में मालूम होने लगते हैं जिसकी कल्पना भी नहीं की होगी आपने। आइये इसे दूसरी तरह से कहने का प्रयत्न करते हैं। समस्त ग्रहों में सर्वाधिक अस्थिर या कहें गतिशील चंद्रमा ही होते हैं। अतः जल्दी से किसी परिवर्तन की आस इन्हीं के दरबार से की जा सकती है। अपनी

समस्त सोलह कलाओं का जादू बिखेरकर ये नित्य नयी अवस्था, नए रूप में हमारे सामने होते हैं । पूरे माह में हम किसी भी दिन इन्हें समान रूप में नहीं पाते । अतः ये निरंतर बदलाव का प्रतीक हैं । इसी लिए तो मन के कारक हैं । ये सन्देश देते हैं की स्थितियों में परिवर्तन संभव है । यही कारण है की लग्न कुंडली के बाद चन्द्र कुंडली अपना विशेष स्थान रखती है । हर रोज अपने आश्रित स्थान से इनका प्रभाव हर ग्रह पर अलग होता है । तत्व के जानकार जानते ही हैं की सारा खेल मन का है । मन यानी चंद्रमा, नवग्रहों में चंद्रमा को धरती के सर्वाधिक निकट माना गया है । इसी कारण सबसे अधिक उपचार चन्द्र को लेकर ही किये जाते हैं । इसी कारण इसे माँ का कारक कहा गया है । जातक के जन्म से लेकर उसके जीवन भर सर्वाधिक निकट यदि कोई है तो माँ ही है । पहला स्पर्श, पहला सम्बन्ध, पहला प्रभाव इंसान के ऊपर माँ का ही है । माँ का है अर्थात चन्द्र का है । हर समस्या हर परेशानी का निदान माँ है । इसी प्रकार जातक के जीवन की हर समस्या का निदान चंद्रमा के पास है । तभी तो शिव के माथे का अलंकार है ।

कुछ सूत्र इसी क्रम में जिस जातक की भी कुंडली में चंद्रमा दूषित हों वह इन्हें आजमाए व इनका चमत्कारिक असर देखें ।

❖ सोमवार के व्रत करें ।

❖ माँ से चांदी का कोई जेवर लेकर अपने पास रखें ।

❖ पूर्णिमा की रात माँ के चरणों में सिर रखकर सोयें किन्तु ध्यान दें की आपके पैर माँ के सिर को न छुएँ । दिशा में परिवर्तन करें ।

❖ जिस भी दिन रोहिणी नक्षत्र हो उस दिन शिव मंदिर में एक मोर पंख अर्पित करें ।

सादर प्रणाम।

3. उच्च और नीच ग्रह

विद्वान गुरुजनों एवं नए पुराने सभी ज्योतिषी बंधुओं के मध्य सदा ही इस विषय को लेकर मतभेद बना रहा है । एक उच्च और एक नीच ग्रह की कार्यप्रणाली में क्या फर्क आ जाता है, उनकी साधारनावस्ता के मुकाबले में । वास्तविकता है की अपनी उच्च व नीचावस्था के समय ग्रहों की शक्तियों में बदलाव आ जाता है । स्वभाव सामान ही रहता है । जो ग्रह अकारक होकर उच्च हो जाये वो तात्कालिक और नैसर्गिक मैत्री के अनुसार अपने प्रभावों में तेजी दिखा सकने में समर्थ हो जाता है । वही जब अकारक होकर नीच हो जाता है, तो अपने स्वयं के भाव को नकारात्मक तौर पर प्रभावित करता है । यदि कारक ग्रह उच्च हो जाये तो इसे थामना कठिन हो जाता है व कारक होकर नीच हो तो भी अपने भाव को तो प्रभावित करता ही है । उदाहरण के लिए वृश्चिक लग्न में गुरु धनेश व पंचमेश हैं । अब मान ले की यहाँ ये नवम भाव में अपनी उच्च राशी में हैं । इनका क्या प्रभाव होगा अब । गुरु विद्या के नैसर्गिक ग्रह हैं । अपनी उच्च राशि में आने से इनके प्रभाव से जातक का मानसिक स्तर प्रबल हो जाता है । अपनी आयु के अन्य जातकों से वह एक कदम आगे चलने लगता है । हर समय अपने ज्ञान को प्रदर्शित करने व सबसे आगे रहने की मनोवृति जागृत होने लगती है और जातक एक साथ कई क्षेत्रों में वह हाथ आजमाने लगता है । अपने से अधिक आयु के लोगों विशेषकर स्त्रियों के संगत में रहने का प्रयास करता है । परिणामस्वरूप गुरु के तेज को नियंत्रित करना उसके बस से बाहर हो जाता है । १४-१५ वर्षायु के पश्चात वह शिक्षा में (यदि किसी का सही मार्गदर्शन उसे नहीं प्राप्त होता) पीछे रह जाता है । यदि

कहीं इस के साथ पंचम भाव किसी अन्य योग (काल्सर्पादी) के प्रभाव में भी हो तो उच्च गुरु के बावजूद जातक की शिक्षा अधूरी रह जाती है । एक अन्य उदाहरण से समझने का प्रयत्न करते हैं । तुला लग्न में शनि पूर्ण प्रभावी होते हैं । ऐसे में यदि ये लग्न में अपनी उच्च राशी में हैं तो बहुत संभव है की सप्तम् में अपनी नीच दृष्टि होने और स्वयं अधिक प्रभावी होने के कारण सप्तम् भाव को पूर्ण फलित होने से रोकते हैं । जातक का विवाह देर से हो सकता है, नहीं भी हो सकता है । विवाह से एक दिन पहले तक भी सम्बन्ध को खराब करने का सामर्थ्य ये रखते हैं । दशम भाव पर दृष्टि के कारण जातक इलेक्ट्रोनिक्स, वकालत, जल से सम्बंधित मशीनों -ठेकों आदि के काम, करता है किन्तु शत्रु दृष्टि के कारण शनि सफल होने से रोकता है । अतः उच्च के ग्रह का फल सदा शुभ ही होने वाला है इसमें संशय रहता है।

वहीँ दूसरी ओर तुला लग्न में ही विराजमान सूर्य देव नीच के होकर भी सामान्यतः शुभ फल देते देखे गए हैं । किन्तु अपने स्थान को थोडा नकारात्मक प्रभाव जरूर देते हैं । जातक इच्छानुसार आय वाली नौकरी पाने में असमर्थ रहता है, सम्मानित पद प्रतिष्ठा वह अवश्य प्राप्त करता है, किन्तु आय उसके अनुरूप नहीं रहती । वहीँ उसका जीवन साथी हर मामले में उससे आगे हो सकता है । यही सूर्यदेव कुम्भ लग्न में नवम भाव में भी नीच हो जाते हैं, किन्तु इन्हीं के प्रभाव से जातक विवाह पश्चात विदेश यात्रा के योग पा सकता है व यदि जातक के जीवन साथी की कुंडली में भी सहायक योग हों तो जीवन साथी प्रभावशाली जीविका पाने में सक्षम हो जाता है ।

सादर प्रणाम।

4. वक्री ग्रह

लेख को आरम्भ करने से पूर्व बता देना चाहता हूँ की हम आज वक्री ग्रहों के बारे में बात करेंगे न की बक्री। वक्री का सामान्य अर्थ उल्टा होता है व बक्री का अर्थ टेढ़ा। साधारण दृष्टि से देखें या कहें तो सूर्य, बुध आदि ग्रह धरती से कोसों दूर हैं। भ्रमण चक्र में अपने परिभ्रमण की प्रक्रिया में भ्रमण चक्र के अंडाकार होने से कभी ये ग्रह धरती से बहुत दूर चले जाते हैं तो कभी नजदीक आ जाते हैं। जब-जब ग्रह पृथ्वी के अधिक निकट आ जाता है तो पृथ्वी की गति अधिक होने से वह ग्रह उलटी दिशा की और जाता महसूस होता है. उदाहरण के लिए मान लीजिये की आप एक तेज रफ़्तार कार में बैठे हैं। व आपके बगल में आप ही की जाने की दिशा में कोई साईकल से जा रहा है तो जैसे ही आप उस साईकल सवार से आगे निकलेंगे तो आपको वह यूँ दिखाई देगा मानो वो आपसे विपरीत दिशा में जा रहा है। जबकि वास्तव में वह भी आपकी दिशा की और ही जा रहा होता है। आपकी गति अधिक होने से एक दूसरे को क्रास करने के समय आगे आने के बावजूद वह आपको पीछे यानी की उल्टा जाता दिखाई देता है और जाहिर रूप से आप इस प्रभाव को उसी गाड़ी सवार या साईकल सवार के साथ महसूस कर पाते है जो आपके नजदीक होता है। दूर के किसी वाहन के साथ आप इस क्रिया को महसूस नहीं कर सकते। ज्योतिष की भाषा में इसे कहा जायेगा की साईकल सवार आपसे वक्री हो रहा है। यही ग्रहों का पृथ्वी से वक्री होना कहलाता है। सीधे अर्थों में समझें की वक्री ग्रह पृथ्वी से अधिक निकट हो जाता है।

अब निकट होने से क्या होता होगा भला। यही होता है की ग्रह का असर, ग्रह का प्रभाव बढ़ जाता है। कई ज्योतिषियों का इस विषय पर अलग-अलग मत है। कहा यह भी जाता है की वक्री होने से ग्रह उल्टा असर देने लगता है। आप जलती हुई भट्टी से दूर बैठे हैं। जैसे ही आप भट्टी के निकट जाते हैं तो आपको अधिक गर्मी लगने लगती है क्योंकि आपके और भट्टी के बीच की दूरी कम हो गयी है। भट्टी में तो आग तब भी उतनी ही थी जब आप उससे दूर थे व अब भी उतनी ही है जब आप उसके नजदीक हैं। आग में कोई भी फर्क नहीं आया है बस नजदीक होने से हमें उसका प्रभाव अब प्रबलता से महसूस हो रहा है। एक अन्य उदाहरण लीजिये, आप किसी पंखे से दूर बैठे हैं जहाँ पंखे की बहुत कम हवा आप तक आ रही है, आप अपनी कुर्सी उठा कर पंखे के निकट आ जाते हैं। अब आप पंखे की हवा को अधिक जोर से महसूस कर रहे हैं। जबकि पंखा अब भी उसी गति पर चल रहा है जिस पर पहले चल रहा था। प्रभाव में अंतर दूरी घटने से हुआ है, अवस्था में कोई फर्क नहीं आया है। इसी प्रकार यह मानना की वक्री होने से ग्रह अपना उल्टा असर देने लगेगा यह मान लेना है की भट्टी के निकट जाने से वह ठंडी हवा देने लगेगी या निकट आने पर पंखा आग उगलने लगेगा। ग्रह के वक्री होने से उसके नैसर्गिक गुण में, उसके व्यवहार में किसी प्रकार का कोई अंतर नहीं आता अपितु उसके प्रभाव में, उसकी शक्ति में प्रबलता आ जाती है। देव गुरु ब्रह्स्पत्ति जिस कुंडली में वक्री हो जाते हैं वह जातक अधिक बोलने लगता है। लोगों को बिन मांगे सलाह देने लगता है। गुरु ज्ञान का कारक है, ज्ञान का ग्रह जब वक्री हो जाता है तो जातक अपनी आयु के अन्य जातकों से आगे भागने लगता है। हर समय उसका दिमाग नयी बातों की और जाता है। सीधी भाषा में ऐसा जातक

अपनी उम्र से पहले बड़ा हो जाता है, वह उन बातों, उन विषयों को आज जानने का प्रयास करने लगता है, सामान्य रूप से जिन्हें उसे दो साल बाद जानना चाहिए । अपने ऊपर उसे आवश्यकता से अधिक विश्वास होने लगता है जिस कारण वह अति आत्म विश्वास का शिकार होकर पीछे रह जाता है । आपने कई जातक ऐसे देखे होंगे की जो हर जगह अपनी बात को ऊपर रखने का प्रयास करते हैं, जिन्हें अपने ज्ञान पर औरों से अधिक भरोसा होता है, जो हर बात में सदा आगे रहने का प्रयास करते हैं, ऐसे जातक वक्री गुरु से प्रभावित होते हैं । जिस आयु में गुरु का जितना प्रभाव उन्हें चाहिए वो उससे अधिक प्रभाव मिलने के कारण स्वयं को नियंत्रित नहीं कर पाते । कई बार आपने बहुत छोटी आयु में बालक बालिकाओं को चरित्र से भटकते हुए देखा होगा । शरीर में मंगल व शुक्र रक्त, ग्रन्थिरस (हारमोंस) व आकर्षण को नियंत्रित करने वाले कहे गए हैं । इन दोनों में से किसी भी ग्रह का वक्री होना इस प्रभाव को आवश्यकता से अधिक बढ़ा देता है । यही प्रभाव जाने अनजाने उन्हें उम्र से पहले वो शारीरिक बदलाव महसूस करने को मजबूर कर देता है जो सामान्य रूप से उन्हें काफी देर बाद करना चाहिए था । शनि महाराज हर कार्य में अपने स्वभाव के अनुसार परिणाम को देर से देने, रोक देने या कहें सुस्त रफ़्तार में बदल देने को मशहूर हैं । कभी आपने किसी ऐसे बच्चे को देखा है जो अपने आयु वर्ग के बच्चों से अधिक सुस्त है, जिस को आप हर बात में आलस करते पाते हैं । खेलने में, शैतानियाँ करने में, धमाचौकड़ी मचाने में जिस का मन नहीं लग रहा । उसके सामान्य उत्साह कहीं कमजोर तो नहीं हैं । जरा उस की कुंडली का अवलोकन कीजिये, कहीं उसके लग्न में शनि देव जी वक्री होकर तो विराजमान नहीं हैं । इसी प्रकार वक्री ग्रह कुंडली में आपने भाव व अपने नैसर्गिक स्वभाव

के अनुसार अलग-अलग परिणाम देते हैं। अतः कुंडली की विवेचना करते समय ग्रहों की वक्रता का ध्यान देना अति आवश्यक है। अन्यथा जिस ग्रह को अनुकूल मान कर आप समस्या में नजरंदाज कर रहे हो होते हैं, वही समस्या का वास्तविक कारण होता है। परिणामस्वरूप समस्या का सही समाधान नहीं हो पाता। वक्री होने से ग्रह के स्वभाव में कोई अंतर नहीं आता, बस उसकी शक्ति बढ़ जाती है। अब कुंडली के किस भाव को ग्रह की कितनी शक्ति की आवश्यकता थी व वास्तव में वह कितनी तीव्रता से उस भाव को प्रभावित कर रहा है, इस से परिणामों में अंतर आ जाता है व कुंडली का रूप व दिशा ही बदल जाती है।

सादर प्रणाम।

5. दशा

कुंडली अध्ययन के समय या पंडित जी के मुंह से कई बार आपने दशा शब्द सुना होगा। मसलन राहू की दशा चल रही है। शनि में केतु की दशा लगी है। सूर्य में मंगल की अन्तर्दशा चल रही है आदि। तब कई बार हृदय में ये सवाल उमड़ कर आता है की आखिर ये दशाएं हैं क्या। ऋषियों द्वारा मनुष्य के जीवन को १२० वर्षों का मान कर इसे नवग्रहों के आधिपत्य में अलग-अलग बांटा गया है। हर ग्रह के हिस्से में कुछ वर्ष माने गए हैं। अब जब जातक उस वर्ष में पहुँचता है तो माना जाता है की कुंडली में अपने शुभ-अशुभ भाव के आधार पर ग्रह फल देने वाला है।

हर ग्रह में सभी ग्रहों की अंतर दशाएं भी चलती हैं। ऐसा नहीं है की यदि कुंडली में ग्रह ख़राब अवस्था में है। तो उसकी सारी महादशा भी ख़राब ही होगी। इस अवधि के दौरान अलग-अलग ग्रहों की अंतर दशाएं अलग परिणाम प्रस्तुत करेंगी। अश्विनी से रेवती तक इन्हें क्रमशः: केतु, शुक्र, सूर्य, चन्द्र, मंगल, राहू, गुरु, शनि, बुध, का आधिपत्य प्राप्त है। एक ग्रह के आधीन तीन नक्षत्र हैं। अब जातक का जन्म जिस भी नक्षत्र में होगा तो उसी के अनुसार उसके जीवन की महादशा मानी जाएगी।

केतु :	अश्विनी	मघा	मूल
शुक्र :	भरणी	पूर्वाफाल्गुनी	पूर्वाषाडा
सूर्य :	कृतिका	उत्तराफाल्गुनी	उत्तराषाडा
चन्द्र :	रोहिणी	हस्त	श्रवण
मंगल :	मृगशिरा	चित्रा	धनिष्ठा
राहू :	आद्रा	स्वाति	शतभिषा
गुरु :	पुनर्वसु	विशाखा	पूर्वाभाद्रपद
शनि :	पुष्य	अनुराधा	उत्तराभाद्रपद
बुध :	अश्लेषा	ज्येष्ठा	रेवती

अगर आपका जन्म अश्विनी नक्षत्र में हुआ है तो आपके जन्म समय में केतु की दशा चल रही थी। अब आप केतु के चार चरणों में से किस चरण के हैं उस हिसाब से केतु के सात दशा वर्षों में से दशा शेष रहेगी। ये गणितीय प्रक्रिया है, किन्तु समझाने के लिए इसे यूँ मान लीजिये की यदि आपका जन्म अश्विनी के दूसरे चरण में हुआ है तो आप जन्म से पहले ही सात में से एक वर्ष व नौ महीने की दशा तो भोग चुके हैं। अब आपने लगभग पांच साल और तीन महीने की दशा केतु की भोगनी है, फिर इसी क्रम में आप शुक्र की २० वर्ष की दशा भोगेंगे। फिर सूर्य की, फिर चन्द्र की, इसी क्रम

में आपका जीवन सम्बंधित ग्रहों की महादशा के आधीन रहेगा। एक अन्य उदाहरण मान लीजिये आपका जन्म विशाखा नक्षत्र के तीसरे चरण में हुआ है तो लेखाचित्र में देखिये विशाखा गुरु के सामने लिखा है। अर्थात जातक का जन्म गुरु की दशा में हुआ है, अब दो चरण का समय काल पहले ही पूरा हो चूका है, यानी आप १६ में से आठ वर्ष की गुरु की दशा पहले ही काट चुके हैं। अब बचे आठ में से लगभग आठ वर्ष से कम ही दशा आप गुरु की भोगेंगे (समझाने हेतु संभावित समय)। आपके आठ वर्षायु के पश्चात आप के जीवन में शनि की १९ वर्ष की दशा शुरू हो जाएगी। अब आवश्यक नहीं की हर मनुष्य १२० वर्ष की आयु प्राप्त करे। अतः हर जातक के जीवन में हर ग्रह की दशा आना भी संभव नहीं होता। यदि कुंडली में किसी ग्रह द्वारा कोई दुर्योग बन रहा हो तो घबराने की आवश्यकता नहीं है, पहले ये जांच लें की सम्बंधित ग्रह की दशा आपके जीवन में आ रही है या नहीं। यदि आपके जीवन में उस ग्रह की दशा नहीं आनी है तो अपनी अन्तर्दशा में वह ग्रह बहुत मामूली रूप से आपको प्रभावित करेगा व जिसका उपाय शास्त्र सम्मत तरीके से सहज ही हो जाता है। यही सिद्धांत राज योगों पर भी लागू होता है। साधारणतया ज्योतिषी किसी भी कुंडली में किसी प्रकार का राज योग देखकर सीधे उसकी भविष्यवाणी कर देते हैं और जातक हैरान-परेशान रहता है की भला ये योग फलित क्यों नहीं हो रहे। सीधी सी बात है की राजयोग में मुख्य किरदार निभाने वाले ग्रह की दशा ही नहीं आ रही है। योगों के फलित होने का समय होता है अथवा किस समय काल में कोई योग फलित होगा ये जानने की गणितीय प्रक्रिया है।

किसी भी ग्रह की महादशा में पहली शुरुआती अन्तर्दशा एक निश्चित अवधी के लिए स्वयं उसी ग्रह की होती है, पश्चात विशोंतरी दशा के क्रम में ही अगले ग्रह की अन्तर्दशा आ जाती है । जैसे राहू की महादशा में पहले राहू ही की अन्तर्दशा आएगी, फिर गुरु की, पश्चात शनि-बुध -केतु शुक्र-सूर्य-चन्द्र-मंगल । राहू से एकदम पहले वाले ग्रह पर आते ही राहू की दशा में अंतिम अन्तर्दशा होती है व उसके बाद गुरु की महादशा प्रारंभ होती है । सामान रूप से गुरु में पहली अन्तर्दशा गुरु की ही होगी, उसके पश्चात शनि की, फिर बुध-केतु-शुक्र-सूर्य-चन्द्र-मंगल-राहू. राहू की अन्तर्दशा गुरु की महादशा में अंतिम अन्तर्दशा होगी, इसके उपरान्त शनि की महादशा प्रारंभ हो जाएगी । पूर्व में ऐसे ही उमा-महेश्वरी दशा का भी उपयोग होता था, किन्तु अब अपनी सटीकता के कारण सर्वत्र लगभग विशोंतरी दशा ही उपयोग में लायी जाती है ।

सादर प्रणाम ।

6. ग्रहण दोष

सामान्यतः ग्रहण का शाब्दिक अर्थ है अपनाना, धारण करना, मान जाना आदि। ज्योतिष में जब इसका उल्लेख आता है तो सामान्य रूप से हम इसे सूर्य व चन्द्र देव का किसी प्रकार से राहु व केतु से प्रभावित होना मानते हैं। पौराणिक कथाओं के अनुसार अमृत के बंटवारे के समय एक दानव धोखे से अमृत का पान कर गया। सूर्य व चन्द्र की दृष्टि उस पर पड़ी और उन्होंने मोहिनी रूप धरे विष्णु जी को संकेत कर दिया, जिन्होंने तत्काल अपने चक्र से उसका सिर धड़ से अलग कर दिया। इस प्रकार राहु व केतु दो आकृतियों का जन्म हो गया। अब राहु व केतु के बारे में एक नयी दृष्टि से सोचने का प्रयास करें। राहु इस क्रम में वो ग्रह बन जाता है जिस के पास मात्र सिर है व केतु वह जिसके अधिकार में मात्र धड़ है।

अब ग्रहण क्या होता है। राहु व केतु का सूर्य या चन्द्र के साथ युति करना आमतौर पर ग्रहण मान लिया जाता है। किन्तु वास्तव में सूर्य ग्रहण मात्र राहु से बनता है व चन्द्र ग्रहण केतु द्वारा। ज्योतिष में बड़े जोर शोर से इसकी चर्चा होती है। बिना सोचे समझे इस दोष के निवारण बताये जाने लगते हैं। बिना यह जाने की ग्रहण दोष बन रहा है तो किस स्तर का और वह क्या हानि जातक के जीवन में दे रहा है या दे सकता है। बात अगर आकड़ों की करें तो राहु केतु एक राशि का भोग १८ महीनों तक करते हैं। सूर्य एक माह एक राशि पर रहते हैं। इस हिसाब से वर्ष भर में जब-जब सूर्य राहु व केतु एक साथ पूरा एक महीना रहेंगे तब-तब उस समय विशेष में जन्मे जातकों की कुंडली ग्रहण दोष से पीड़ित होगी। इसी में चंद्रमा को भी जोड़ लें तो एक माह में लगभग चन्द्र पांच दिन ग्रहण दोष बनायेंगे। वर्ष भर में साठ दिन

हो गए । यानी कुल मिलाकर वर्ष भर में चार महीने तो ग्रहण दोष हो ही जाता है ।

यानी दुनिया की एक तिहाई आबादी ग्रहण दोष से पीड़ित है । अब कई ज्योतिषियों द्वारा राहु केतु की दृष्टि भी सूर्य चन्द्र पर हो तो ग्रहण दोष होता है। हम जानते हैं की राहु केतु अपने स्थान से पांच सात व नौवीं दृष्टि रखते हैं । यानी आधे से अधिक आबादी ग्रहण दोष से पीड़ित है । अब ये आंकड़ा तो विश्वसनीय नहीं लगता । इसी लिए ग्रहण दोष वहीँ तक है जहाँ राहु सूर्य से युति कर रहे हैं व केतु चंद्रमा से । इस में भी जब दोनों ग्रह एक ही अंश-कला-विकला पर हैं तब ही उस समय विशेष पर जन्म लेने वाला जातक वास्तव में ग्रहण दोष से पीड़ित है और इस शब्दावली के अनुसार संसार के लगभग दस प्रतिशत से कम जातक ही ग्रहण दोष का कुफल भोगते हैं । अन्य प्रकार की युतियाँ कुछ असर डाल सकती है किन्तु किसी भी भ्रमित करने वाले ज्योतिषी से सावधान रहें जो ग्रहण दोष के नाम पर आपको ठग रहा है । दोष है तो उपाय अवश्य है किन्तु यह बहुत संयम के साथ करने वाला कार्य है । जैसा की हमें ज्ञात है सूर्य हमारी कार्य करने की क्षमता का ग्रह है, हमारे सम्मान, हमारी प्रगति का कारक है । राहु के साथ जब भी यह ग्रहण दोष बनाता है तो देखिये इसके क्या परिणाम होते हैं । राहु जाहिर रूप से बिना धड का ग्रह है, जिस के पास स्वाभाविक रूप से दिमाग का विस्तार है । यह सोच सकता है, सीमाओं के पार सोच सकता है । बिना किसी हद के क्योंकि यह बादल है । जिस कुंडली में यह सूर्य को प्रभावित करता है वहाँ जातक बिना कोई सार्थक प्रयास किये, कल्पनाओं के घोड़े पर सवार रहता है । बार-बार अपनी बुद्धि बदलता है । आगे बढने के लिए हजारों तरह की तरकीबों को आजमाता है किन्तु एक बार भी सार्थक पहल उस कार्य

के लिए नहीं करता, कर ही नहीं पाता क्योंकि योजना को मूर्त रूप देने वाला धड उसके पास नहीं है । अब वह खिसियाने लगता है । पैतृक धन बेमतलब के कामों में लगाने लगता है । आगे बढने की तीव्र लालसा के कारण चारों तरफ हाथ डालने लगता है और इस कारण किसी भी कार्य को पूरा ही नहीं कर पाता । हाथ में लिए गए कार्य को (किसी भी कारण) पूरा नहीं कर पाता, जिस कारण कई बार अदालत आदि के चक्कर उसे काटने पड़ते हैं । सूर्य की सोने जैसी चमक होते हुए भी धूम्रवर्णी राहु के कारण उसकी काबिलीयत समाज के सामने मात्र लोहे की रह जाती है । उसकी क्षमताओं का उचित मूल्यांकन नहीं हो पाता । अब अपनी इसी आग को दिल में लिए वह इधर उधर झगड़ने लगता है । पूर्व दिशा उसके लिए शुभ समाचारों को बाधित कर देती है । पिता से उसका मतभेद बढने लगता है । स्वयं को लाख साबित करने की कोशिश भी उसे परिवार की निगाह में सम्मान का हकदार नहीं होने देती । घर बाहर दोनों जगह उसकी विश्वसनीयता पर आंच आने लगती है । वहीँ दूसरी और केतु (जिस के पास सिर नहीं है) से सूर्य की युति होने पर जातक बिना सोचे समझे कार्य करने लगता है । यहां वहां मारा-मारा फिरता है । बिना लाभ हानि की गणना किये कामों में स्वयं को उलझा देता है । लोगों के बहकावे में तुरंत आ जाता है । मित्र ही उसका बेवक़ूफ़ बनाने लगते हैं । इसी प्रकार जब चंद्रमा की युति राहु या केतु से हो जाती है तो जातक लोगों से छुपकर अपनी दिनचर्या में काम करने लगता है । किसी पर भी विश्वास करना उसके लिए भारी हो जाता है । मन में सदा शंका लिए ऐसा जातक कभी डाक्टरों तो कभी पण्डे पुजारियों के चक्कर काटने लगता है । अपने पेट के अन्दर हर वक्त उसे जलन या वायु गोला फंसता हुआ लगता हैं । डर -घबराहट, बेचैनी हर पल उसे घेरे रहती है । हर पल किसी

अनिष्ट की आशंका से उसका हृदय कांपता रहता है । भावनाओं से सम्बंधित, मनोविज्ञान से सम्बंधित, चक्कर व अन्य किसी प्रकार के रोग इसी योग के कारण माने जाते हैं । चंद्रमा यदि अधिक दूषित हो जाता है तो मिर्गी, पागलपन, डिप्रेसन, आत्महत्या आदि के कारकों का जन्म होने लगता हैं । चंद्रमा भावनाओं का प्रतिनिधि ग्रह होता है । इसकी राहु से युति जातक को आपराधिक प्रवृति देने में सक्षम होती है । विशेष रूप से ऐसे अपराध जिसमें क्षणिक उग्र मानसिकता कारक बनती है । जैसे किसी को जान से मार देना, लूटपाट करना, बलात्कार आदि। वही केतु से युति डर के साथ किये अपराधों को जन्म देती है । जैसे छोटी मोटी चोरी ये कार्य छुप कर होते है , किन्तु पहले वाले गुनाह बस भावेश में खुले आम हो जाते हैं, उनके लिए किसी ख़ास नियम की जरूरत नहीं होती । यही भावनाओं के ग्रह चन्द्र के साथ राहु -केतु की युति का फर्क होता है । ध्यान दीजिये की राहु आद्रा -स्वाति -शतभिषा इन तीनों का आधिपत्य रखता है । ये तीनों ही नक्षत्र स्वयं जातक के लिए ही चिंताएं प्रदान करते हैं किन्तु केतु से सम्बंधित नक्षत्र अश्विनी -मघा -मूल दूसरों के लिए भी भारी माने गए हैं । राहु चन्द्र की युति गुस्से का कारण बनती है तो चन्द्र - केतु जलन का कारण बनती है (यहाँ कुंडली में लग्नेश की स्थिति व कारक होकर गुरु का लग्न को प्रभावित करना समीकरणों में फर्क उत्पन्न करने में सक्षम है) । जिस जातक की कुंडली में दोनों ग्रह ग्रहण दोष बना रहे हों वो सामान्य जीवन व्यतीत नहीं कर पाता, ये निश्चित है । कई उतार-चढ़ाव अपने जीवन में उसे देखने होते हैं । मनुष्य जीवन के पहले दो सर्वाधिक महत्वपूर्ण ग्रहों का दूषित होना वास्तव में दुखदायी हो जाता है । ध्यान दें की सूर्य -चन्द्र के आधिपत्य में एक-एक ही राशि है व ये कभी वक्री नहीं होते । अर्थात हर जातक के जीवन

में इनका एक निश्चित कार्य होता है । अन्य ग्रह कारक- अकारक, शुभ -
अशुभ हो सकते हैं किन्तु सूर्य -चन्द्र सदा कारक व शुभ ही होते हैं । अतः
इनका प्रभावित होना मनुष्य के लिए कई प्रकार की दुश्चारियों का कारण
बनता है । अतः एक ज्योतिषी की जिम्मेदारी है की जब भी किसी कुंडली
का अवलोकन करे तो इस दोष पर लापरवाही ना करे । उचित मार्गदर्शन
द्वारा इस के उपचारों से परिचित कराये । किस दोष के कारण जातक को
सदा जीवन में किन-किन स्थितियों में क्या सावधानियां रखनी हैं ताकि इस
का बुरा प्रभाव कम से कम हो, इन बातों से परिचित कराये ।

सादर प्रणाम ।

7. मांगलिक दोष

अमूमन मंगल की चर्चा तब अधिक होने लगती है जब लड़का या लड़की विवाह योग्य होने लगते हैं व उनकी कुण्डलियाँ मिलान के लिए निकाली जाने लगती हैं । कन्या पक्ष में ये बड़ा संवेदनशील हो जाता है जब बेटी मांगलिक निकल आती है । मंगल दोष से जुड़ी मान्यताएं , वैवाहिक जीवन में विघ्न, जैसी परेशानियां घेरने लगती हैं । कुछ इस दौरान कुण्डलियाँ ही बदल देते हैं तो कुछ स्वयं को बुद्धिमान घोषित करते हुए डंके की चोट पर कह देते हैं कि हम इस सब बकवास को नहीं मानते।

वर्षों बीत गए मंगल पर चर्चा करते हुए । हजारों टीकाएँ, ग्रंथों के आधार पर लिखी गई । सैकड़ों लोगों ने इस पर नए-नए विचार प्रस्तुत किये । इसे हौव्वा बताया, किन्तु आज भी विवाह सन्दर्भ में चर्चा चलते ही सबसे अधिक भय अगर किसी ग्रह का है तो वो मंगल ही है । ज्योतिष को सिरे से नकारने वाले सज्जन भी अपने लिए बहु लाते समय दबी जबान मांगलिक दोष की तरफ से शंका मिटाना नहीं चूकते ।

क्या है ये मंगल और क्यों इसका इतना भय जनमानस पर हावी है । सामान्य गणना के अनुसार हम जानते हैं कि किसी भी पुरुष व स्त्री की कुंडली में चौथे, सातवें, आठवें, बारहवें व लग्न भाव में मंगल होने से उन्हें मांगलिक मान लिया जाता है। वास्तव में देखने में आया है कि मंगल की उपस्थिति से अधिक इसका चौथा व आठवां दृष्टि प्रभाव दाम्पत्य पर अधिक प्रतिकूल असर देता है । मंगल की चौथे व बारहवें भाव की उपस्थिति दाम्पत्य के लिए अधिक घातक परिणाम प्रस्तुत करती है । सातवें व आठवें भाव में बैठा मंगल दाम्पत्य कडुवाहट उत्पन्न करता है, किन्तु

जीवनसाथी के लिए मारक नहीं है। सप्तम्-अष्टम मंगल को वैचारिक मतभेद बनाते अधिक देखा है, किन्तु चतुर्थ व द्वादस्थ भौम मारक है। जबकि बदनामी सप्तम् व अष्टम मंगल के हिस्से में अधिक आती है प्रभाव के रूप में कहें तो मंगल की चौथी व आठवीं दृष्टि जलीय प्रभाव लिए हुए होती हैं। भौम जो कि अग्नि का कारक ग्रह है व जिसका काम शरीर-व जीवन रुपी भाव - भट्टी को ईंधन उपलब्ध कराना है, उसे कार्य करने के लिए ऊर्जा प्रदान करना है, अपने चौथे व आठवें जलीय प्रभाव में अपना नकारात्मक प्रभाव उत्पन्न कर उस आग को उस भाव के प्राणों की अग्नि को बुझा देता है। संभवतः इसी कारण मंगल को चौथी राशि कर्क में नीच माना जाता है व इसकी स्वयं की आठवीं वृश्चिक राशि इसकी नकारात्मक राशि मानी गई है। अब प्रश्न ये आता है कि भला मंगल अपना घातक प्रभाव कैसे व कितनी ताकत से देता है। ये कुछ बातों पर निर्भर करता है सर्वप्रथम तो ये कि मंगल किस ग्रह की, क्या प्रभाव लिए हुए कौन सी राशि में बैठा है व दूसरा यह कि जहाँ प्रभाव दिया जा रहा है वह किस प्रकार के ग्रह की कौन सी राशि है।

उदाहरण के लिए समझिये कि वृष राशि में बैठा चतुर्थ भाव का मंगल अपनी चौथी जलीय दृष्टि से सप्तम् में सूर्य की अग्नि राशि को बुझा देगा। यहाँ अग्नि कि समाप्ति देख सकते हैं, किन्तु यहीं से कर्क का मंगल सप्तम् में तुला के वायुप्रधान स्वभाव को गर्जना व बारिश का रूप देगा जिसे हम दाम्पत्य में गृह क्लेश आदि के रुप में पायेंगे। यहीं चतुर्थ भाव में तुला में बैठा मंगल, सप्तम् में मकर के पृथ्वीतत्वीय प्रभाव को तूफान, पेड़ों के उखडने, बाढ़ आदि के रुप में असहमति और सम्बन्ध-विच्छेद का कारण बन सकता है।

शास्त्रानुसार ज्योतिष में, एक मांगलिक लड़की गैर-मांगलिक लड़के से शादी कर सकती है। कुछ प्रसिद्ध उपायों द्वारा इस नकारात्मक प्रभाव को कम तथा समाप्त किया जा सकता है, जैसे की दान, कुंभ विवाह, उपवास, रत्न धारण करना इत्यादि। महत्वपूर्ण है की जातक को शादी से पहले किसी अनुभवी ज्योतिषी से परामर्श लेना चाहिए जो आपकी जन्म कुंडली का विश्लेषण कर आपका मार्गदर्शन कर सकते हैं।

सादर प्रणाम।

8. राज योग

ज्योतिष में कई योगों का उल्लेख मिलता है। इनमें से कुछ साधारण श्रेणी के एवं कुछ दुर्लभ माने गए हैं। आज उन्हीं में से कुछ योगों पर चर्चा करते हैं। आपने गजकेसरी योग के बारे में तो सुना ही होगा। देव गुरु ब्रहस्पति और चंद्रमा यदि कुंडली में कही भी एक साथ विराजमान हों तो इस योग का सृजन माना गया है। यह योग अपने आप में जातक के चरित्र का विश्वास होता है। ऐसा योग रखने वाला मानुष सुदर्शन होता है। पाप कर्मों द्वारा धन कमाने वाला, किसी का हक मारने वाला न होकर धार्मिक प्रवृत्ति का होता है। ऐसे जातक भावुक होकर सदैव दूसरों द्वारा भावनात्मक रूप से ठगा जाता है। किन्तु अपने फलित होने की अवस्था में इस योग के फलस्वरूप जातक लक्ष्मी व ऐश्वर्य का प्रबल सुख भोगता है। मकान वाहन जमीन व सम्मान उसे प्राप्त होता है। इस योग में आवश्यक है की गुरु व चंद्रमा दोनों कारक हों व किसी पाप प्रभाव में न हों। वृश्चिक व मीन लग्न में यदि ये योग केंद्र-त्रिकोण में बनता हो तो अत्यधिक प्रभावशाली माना गया है।

पांच योगों का एक समूह पञ्च महापुरुष योगों के नाम से बड़ा प्रसिद्ध है। १.रूचक २.भद्र ३.हंस ४.मालव्य ५. शश. केंद्र में कहीं भी क्रमशः मंगल, बुध, गुरु, शुक्र व शनि के अपनी उच्च या स्व राशि में होने से इन योगों का सृजन होता है। भूमिपुत्र मंगल द्वारा बनने वाला रूचक योग कर्क व सिंह लग्न में अधिक प्रभावी होता हैं। इस योग के जातक बड़े हिम्मती, ताकतवर व नेतृत्व क्षमता से परिपूर्ण होते हैं। यह योग जातक को सेना, मेडिकल व मेकानिकल आदि से सम्बंधित क्षेत्रों में सफल करता है।

भद्र बुध ग्रह का योग है । यदि पूर्ण प्रभावी हो तो इस योग के फलस्वरूप जातक नेता, अध्यापन, बैंकिंग व ऐसे कार्यों में सफल होते हैं जहाँ बोलने की क्षमता का उपयोग होता हो । यदि बुध पर कोई पाप प्रभाव न हो तथा गुरु का शुभ सहयोग इसे मिल रहा हो तो जातक का भाषा पर प्रभावी नियंत्रण होता है । कन्या व मिथुन लग्न में यह योग विशेष रूप से प्रभावी देखा गया है ।

हंस योग की देवगुरु ब्रहस्पति के द्वारा उत्पत्ति मानी गयी है । यदि गुरु कारक हो व अशुभ प्रभाव में न हो तो यह योग पूर्ण फलित होता है । सुंदर शरीर का मालिक, परम सौभाग्यशाली ऐसा जातक जीवन में उच्च पद व सम्मान का अधिकारी बनता है । मेष, धनु व मीन लग्न में अपनी दशा अन्तर्दशा में यह योग विशेष फल देता है।

अब बात करें मालव्य योग की, दैत्याचार्य शुक्र द्वारा फलित होने वाला यह योग कन्या, मकर व् कुम्भ लग्न में विशेष रूप से प्रभावकारी होता है । शुक्र भोग विलास, इच्छाओं की पूर्ति करने वाला ग्रह है । यदि यह योग अपनी पूर्ण शुभावस्था में हो तो ये सुनिश्चित कर देता है की अपने जीवनकाल में जातक परम सुख-सुविधाएँ प्राप्त करेगा ।

पञ्च महापुरुष योगों में अंतिम योग है शश योग, जो की शनि महाराज केंद्र में बनाते हैं । मकर, वृष व तुला लग्न में विशेष रूप से प्रभावकारी यह योग जातक को तकनीकी कामों में माहिर, गणित का ज्ञाता, कविता पाठ में रुचि लेने वाला व् अपने फलित होने के समयकाल में उच्चपदासीन करता है ।

सादर प्रणाम ।

९. शुक्र राजयोग

ज्योतिष के विद्यार्थी सामान्यतः जानते हैं कि शुक्र को द्वादश भाव में तथा द्वादश राशि में उच्च माना जाता है । अधिकतर ज्योतिषीय ग्रंथों में इस योग का बड़ा गुणगान होता आया है । विवेचना के स्तर पर नए ज्योतिष विद्यार्थियों को कई बार इसी भ्रम में, इसका परिणाम तय करते हुए देख कर पीड़ा होती है । संभवतः पाठकों को ज्ञात हो कि शुक्र सामान्यतः अन्य ग्रहों की अपेक्षा अपने लैप में उलटी दिशा में घूमता है । ऐसे में वो एक प्रकार से वापस आता हुआ ग्रह है । अपने सिद्धान्त के विपरीत शुक्र मीन में सात्विक प्रभाव देने वाला हो जाता है ।

कारण वास्तव में बहुत गूढ़ है, द्वादश भाव में मोक्ष का भाव है । महानिर्वाण का भाव है । ऐसे में कालपुरुष में ये भाव देवगुरु के आधीन है । सामान्य मित्र चक्र में देवगुरु के नितांत शत्रु होते हुए भी इस भाव में शुक्र उच्च पद पा जाते हैं । क्योंकि भोगी अपना स्वरूप बदलकर योगी बन जाता है ।

शुक्र जो भी क्रिया देते हैं, जो भी कर्म करवाते है, वो मोक्ष के लिए होता है।

ये भाग्य को सुख देने का भाव है, सामान्यतः शुक्र भोग विलास के कारक हैं । यहाँ ये भोग विलास सात्विक हो जाता है । अतः पूजनीय हो जाता है । कालपुरुष में षष्ठम भाव रिपु भाव माना गया है । अतः भोग विलास जब सांसारिकता का भाव ग्रहण कर लेता है तो यही भोग विलास के कारक शुक्र मित्र बुध की कन्या राशि होते हुए भी नीच मान लिए जाते हैं ।

भोग विलास के कारक का उच्च होना वास्तव में भोग की प्रवृत्ति को लगाम लगाना है। राम, गौतम बुद्ध, की कुंडली में शुक्र उच्च हो सकते हैं, किन्तु एक रईस शेख की कुंडली में इन्हें नीच में आना ही होता है, अपना वास्तविक प्रभाव देने के लिए। इतिहास गवाह है कि जातक को सांसारिक सुख का जितना लाभ कन्या के शुक्र ने प्रदान किया है, वो मीन का शुक्र नहीं दे पाया। ये बारहवें मोक्ष (जीवन के पश्चात सुख) का कारण बन सकता है, किन्तु जब तक मनुष्य पृथ्वी पर, सांसारिकता से बंधा है तब तक नीच शुक्र ही इकलौती आशा की किरण है। मैं व्यक्तिगत रूप से इस बात का पक्षधर हूँ कि यदि जातक मरने के बाद मोक्ष की आस नहीं रखकर, जीते जी भोग विलास का अनुयायी है, तो ऐसी अवस्था में कन्या का शुक्र आपके लिए अधिक सौभाग्य का कारक है।

ज्योतिषी कई बार शुक्र को उच्च का पाकर भी जातक की स्थिति डांवांडोल देखेंगे और नीच का शुक्र होते हुए भी जातक को मौज में देखेंगे। कारण वही है, शुक्र का सामान्य से विपरीत दिशा को भ्रमण।

सादर प्रणाम।

10. भादों की शुक्ल चतुर्थी का चंद्रमा व मिथ्या आरोप

अपने कई बुजुर्गों से सुना व कई जगह लिखा हुआ पढ़ा होगा की भादों की शुक्ल चतुर्थी का चंद्रमा देखना निषेध होता है। आसमान में चमकते चतुर्थी के चंद्रमा को देखना इस दिन वर्जित माना जाता है। क्या कारण है की जिस चंद्रमा की उपासना को शास्त्रों में इतना महत्व दिया गया है, उसे ही देखने भर से दोष माना जाता है। कहा जाता है की इस दिन जो भी चन्द्र को देख लेता है उस पर जीवन में चोरी का मिथ्या आरोप लगता है। पौराणिक रूप से जो कथा सुनने में आती है उसके अनुसार श्री कृष्ण पर इस दिन स्मयन्तक मणि चुराने का झूठा आरोप लगा था। बाद में अपने प्रयासों से उन्होंने इस आरोप को गलत साबित कर दिया था, किन्तु जीवनपर्यन्त उन्हें अपने ऊपर लगे इस आरोप का दुःख टीसता रहा। सूर्यदेव द्वारा राजा सत्राजित को उसकी भक्ति से प्रसन्न होकर यह मणि दी गयी थी। जिसके बारे में प्रसिद्ध था की इस मणि से सोना निकलता था व जिस राजा के पास यह होती थी उसके राज्य में प्रजा निरोग व सुखी होती थी। यादवों की दशा को सुधारने के लिए कृष्ण ने सत्राजित से यह मणि यादवों के सबसे बड़े राजा उग्रसेन को देने की प्रार्थना की। स्वयं को ही यादवों का बड़ा राजा मानने वाले सत्राजित ने इस प्रार्थना को ठुकरा दिया। इस डर से की कहीं कृष्ण इस मणि को चोरी न करा दें, उसने अपने भाई प्रसेनजित को इस मणि के साथ जंगल भेज दिया और स्वयं मणि के चोरी होने की खबर फैला दी। चोरी का आरोप उसने भगवान पर मढ़ दिया। बाद में सत्यभामा की सहायता से कृष्ण ने वो मणि प्राप्त कर इस आरोप से स्वयं को मुक्त किया। जिस दिन कृष्ण पर चोरी

का आरोप लगा उस दिन भादों के शुक्ल की चतुर्थी तिथि थी। इस कारण इस दिन चंद्रमा को निहारना वर्जित कहा गया है। यह तो हुआ धार्मिक पक्ष।

अब ज्योतिषीय दृष्टि से कहने का प्रयास करूँ तो इस दिन सामान्यतः चंद्रमा तुला राशि के चित्रा व स्वाति नक्षत्र में भ्रमण करता है। वहीँ सामान्यतः सूर्य की उपस्थिति स्वयं की राशि में होती है। हम सब जानते हैं की चंद्रमा का स्वयं का कोई प्रकाश नहीं होता। यह सूर्यदेव के प्रकाश से दैपीयमान है। सूर्य देव असंख्य गैसों से परिपूर्ण हैं। जिनमें से कुछ मानव जाती के लिए लाभ दायक व कुछ हानिकारक होती हैं। तुला सूर्य की नीच राशि मानी गयी है। कारण इस राशि में अपने भ्रमण के कुछ अंशों में सूर्य अपनी जहरीली गैसों व नकारात्मक ऊर्जा को प्रेषित करते हैं। अब इस तिथि को गोचर में अपने कोणों के प्रभाव स्वरूप चंद्रमा सूर्य के उस हिस्से(३६ डिग्री -४८ डिग्री) के सामने आ जाते हैं, जो सर्वाधिक नकारात्मक गैसों व ऊर्जाओं का दाता है। छत्तीस का आंकड़ा होना सुना ही होगा आपने। इस कारण चंद्रमा इन जहरीली गैसों के प्रभाव से संक्रमित हो जाते हैं एवम् इस दिन चंद्रमा को निहारने से उसकी रश्मियों के द्वारा यह नकारात्मक ऊर्जा व गैसों का प्रभाव उस व्यक्ति तक भी पहुँचने का भय बना रहता है जो चंद्रमा को देखता है। किन्तु इस तिथि से दो दिन पूर्व यानी द्वितीय तिथि को जो चन्द्रमा के दर्शन कर लेता है जिस कारण उसे कोई दोष नहीं लगता।

साफ़ कारण है की इस दिन चंद्रमा उन नकारात्मक ऊर्जाओं के विपरीत सूर्य से मिलने वाली शक्ति की सहायता से अपनी सर्वाधिक सकारात्मक रश्मियों को प्रेषित करता है। भारतीय ज्योतिष सदा से ही पूर्णतः प्रामाणिक एवम् वैज्ञानिक शास्त्र है। शिक्षा के प्रसार की कमी होने के कारण इस शास्त्र

को कथाओं के माध्यम से कहने का प्रयास ऋषियों द्वारा हुआ। उद्देश्य मात्र मानव जाती की भलाई ही था। समस्या यह है की हम मात्र पुरानी कथाओं के आधार पर ही बात करते हैं किन्तु स्वयं की बुद्धि से जरा भी इसका वास्तविक पहलू जानने का प्रयास नहीं करते।

सादर प्रणाम।

11. संबंध विच्छेद क्यों

आजकल प्राप्त होने वाले प्रश्नों में सर्वाधिक प्रश्न वैवाहिक सम्बंधित प्राप्त हो रहे हैं,

उदाहरणार्थ -

❖ सगाई होकर टूट गई है ।

❖ विवाह होने के बाद सम्बन्ध ठीक नहीं चल रहे हैं ।

❖ विचार नहीं मिल पा रहे ।

❖ तलाक की नौबत आ पहुंची है आदि ।

❖ हमारे पंडित जी ने तो कुंडली बहुत अच्छी जुड़ाई थी, गुण भी काफी मिल रहे थे, फिर अचानक ऐसा क्यों हो रहा है ?

❖ क्या कुंडली मिलान उचित प्रकार से नहीं हुआ ?

चारों ओर से इसी प्रकार के प्रश्नों की बौछार कभी-कभी हो जाती है, आइये आज बताने का प्रयास करता हूँ कि आखिर इसकी जड़ में क्या समस्या है। किन कारणों से ऐसा हो रहा है ।

वास्तव में पारस्परिक ज्योतिष व सामान्य कर्म काण्ड को आपस में घाल-मेल कर देना ब्राह्मण व यजमान दोनों के लिए असुविधा का कारण बन रहा है। वैदिक साहित्य, कर्म काण्ड व ज्योतिष स्पष्ट रूप से भिन्न विषय हैं।

चन्द्रमा के एक नक्षत्र मात्र पर दृष्टि डालकर, तुरंत पंचांग से वर - वधु गुण मेलापक सारणी खोल देना वं २५ गुण मिल गए, २८ गुण मिल गए ये शोर मचाकर तुरंत विवाह तय कर देना इसका मूल कारण है। जानकार ज्योतिषी

जानते हैं कि, इस प्रक्रिया द्वारा कुंडली मिलान में डेढ़ से दो मिनट का समय मात्र ही लगता है।

कितनी हैरानी का विषय है कि शर्ट का रंग पसंद करने में आपको आधा घंटा लग जाता है, एक साड़ी पसंद करने में आपको चालीस दुकानों की ख़ाक छान कर आने के बाद आप निर्णय पर पहुंचती है। विडम्बना देखिये कि विवाह का निर्णय मात्र डेढ़ मिनट में हो रहा है। भला पूछा जाये उन पंडित जी से कि दो मिनट में आपने लग्न कुंडली देखकर। संतान सम्बन्धी विषय पर विचार कर लिया है। इसके लिए उपलब्ध सप्तमांश कुंडली पर (दोनों की)दृष्टि डाल दी है। विवाह के लिए लग्न कुंडली से कई गुणा अधिक महत्वपूर्ण नवमांश कुंडली पर भी विचार कर लिया है ? आजकल की परिपाटी में अमूमन देखने में आ रहा है कि षोडशवर्ग कुंडलियों का निर्माण नहीं हो रहा है, ऐसे में ज्योतिषी के पास मात्र लग्न व चन्द्र कुंडली ही उपलब्ध होती है। ज्योतिषी अगर नए जमाने के उपकरणों से लैस है तो भी नवमांश व सप्तमांश बनाने में दस मिनट लगने ही वाले हैं व अगर वह मात्र पंचांग लेकर बैठा है तो ये घंटों का काम तो है ही।

अतः ऐसे में बिना पूर्ण विचार किये किया गया मिलान कितना प्रामाणिक है, ये विचार का प्रश्न है। आजकल के ज्ञानवान पंडितों की जमात में आधे ऐसे भी हैं कि जिन्हें योनि (जिससे कि चार गुणों का मिलान किया जाता है) के विषय में सोचने का ख्याल तक मन में नहीं आता, जबकि दो अनजान प्राणियों के एक छत के नीचे आने के लिए एक दूसरे के निकट आने के लिए स्वयं को एक दूसरे की मौजूदगी में सहज पाने के लिए, सर्वाधिक रूप से महत्वपूर्ण यही गुण होता है। १२ राशियों के २७ नक्षत्रों को ऋषियों द्वारा

उनके स्वभाव के आधार पर क्रमशः गरुड़, मार्जार, सिंह, स्वान, सर्प, मूषक, मृग व मेढ़ा, इन आठ वर्गों में विभाजित किया गया है। जहाँ से स्वयं से पंचम को शत्रु व चतुर्थ को मित्र माना जाता है। मृग की नैसर्गिक प्रवृत्ति होती है कि सिंह को देखते ही वह स्वयं को असुरक्षित महसूस करता है, गिद्ध के साथ सांप की मित्रता चल पाए, ये असंभव है। ऐसे ही जातक सर्वाधिक आकर्षण सदा स्वयं के विपरीत व्यक्तित्व या कहें शत्रु राशि के लिए अनुभव करता है। स्वयं की मित्र राशि अथवा स्व राशि के लिए उसका पहला रिएक्शन नेगेटिव ही होता है। किन्तु बाद में धीरे-धीरे उसके प्रति आश्वस्त होता जाता है। जो स्थायी समीकरण होता है। आपने बकरे, कुत्ते, शेर, पंछी को सबसे पहले अपनी ही जाति पे भौंकते, चीखते, चिल्लाते, डराते देखा होगा। ये अपनी पोजीशन को लेकर असुरक्षा की भावना होती है। जो अपने ही समकक्ष से होती है। आप चाह कर भी शेर व बकरी को एक छत के नीचे नहीं रख सकते, सांप और नेवले को एक थाली में भोजन नहीं दे सकते, किन्तु थोड़ी देर की अनमनी के बाद दो अनजान बैलों को आराम से एक ही हल में जोत सकते हैं। जबकि आपने देखा होगा कि बाड़े में बाहर से लाया गया नया बैल, बाड़े के भीतर खड़े अन्य जानवरों की अपेक्षा अपने ही जाति के बैल को देखकर सबसे पहले फुन्कारा होगा, मारने गया होगा। बकरी, मुर्गी, कुत्ता, बिल्ली से उसे कोई परहेज नहीं होता। किन्तु दो दिन बाद यही बैल, पहले वाले बैल के साथ ही घास चरता मिलेगा, और ये मित्रता स्थायी होती है।

अमूमन पहली नजर में प्यार अथवा किसी के प्रति आकर्षण सदा आपसे विपरीत व्यक्तित्व के लिए ही महसूस होता है, किन्तु यकीन मानिए ये क्षणिक होता है। चंद मुलाकातों के पश्चात ही सारा खुमार उतरने लगता है।

आखिर आप आकर्षित ही इसलिए हुए थे क्योंकि आपने अपने से इतर कुछ नया देखा था, वो देखा था जो आपके व्यक्तित्व में नहीं था। अतः आकर्षण लाजिमी था। किन्तु आखिर वो आपके व्यक्तित्व के विपरीत था तो आप उसके साथ सहज नहीं रह पाये। परिणामस्वरूप अलगाव होता है। योनियों का यही दोष कई संबंधों को खिलने से पूर्व ही मुरझा देता है।

यहीं से एक अन्य महत्वपूर्ण सूत्र ये होता है कि भले ही कितने गुणों का मिलान पाया जाये। किन्तु अपने से २३ वें नक्षत्र को विनाशक नक्षत्र माना जाता है। इसमें मिलान नहीं करना चाहिए।

ग्रह मैत्री को भी इसी प्रकार अष्टकूट मिलान में एक महत्वपूर्ण स्थान प्राप्त होता है। किन्तु भ्रमवश कई पंडितों को मैंने राशि के स्वामियों द्वारा मैत्री चक्र का मिलान करते पाया है। जो कि पूर्णरूपेण अवैज्ञानिक है। हम जानते हैं कि ३० कोण की एक राशि 3 अंश और 20 कला के नौ चरणों अर्थात सवा दो नक्षत्रों के (एक सम्पूर्ण नक्षत्र 13 अंश व 20 कला के तारामंडल के पथ के माप का अधिकारी है) मिलन का परिणाम है। ऐसे में कई बार हमें एक ही राशि विशेष को प्रभावित करवाने वाले चार- चार ग्रह मिलने लगते हैं। ऐसे में राशि स्वामी मात्र को ही मुख्य ग्रह मान लेना भला कहाँ की समझदारी है। जबकि अष्टकूट मिलान में तुम स्वयं नक्षत्र को आधार मान कर चल रहे हो ?

उदाहरण के लिए आप रोहिणी नक्षत्र की कन्या व आद्रा नक्षत्र के वर का कुंडली मिलान करें तो लगभग २३ गुणों का मिलान होता है। परम्परागत रूप से वृष के स्वामी शुक्र व मिथुन के बुध नैसर्गिक मैत्री चक्र में परम मित्रता को प्राप्त होते हैं व इसी कारण मैत्री सूत्र के आधार पर मित्र द्विदाशक

माने जाते हैं व भकूट दोष का निवारण स्वतः ही कर देते हैं। बाकी गण व नाड़ी यहाँ उचित प्रकार से मिलती है। किन्तु हम भूल जाते हैं कि नक्षत्र स्वामियों में रोहिणी को भोगने का अधिकार चन्द्रमा के पास है वहीँ दूसरी ओर आद्रा का स्वामित्व राहु के पास है। अब अपने मिलन मात्र से ग्रहण का निर्माण कर देने वाले ये दोनों ग्रह, कुंडली मिलान में पास होने के बावजूद कैसे जीवन में अपने विचारों के मध्य सामंजस्य लाएंगे, ये विचारणीय है।

सादर प्रणाम।

12. कुम्भ लग्न में कौन सा रत्न धारण करें

कल मुझे एक अनजान ज्योतिषी (?) का फोन आया । वो जानना चाहता था कि कुछ समय पूर्व मैंने कुम्भ लग्न की एक कुंडली की विवेचना के दौरान एक जातक को कोई भी रत्न न पहनने की सलाह दी थी । संयोग से जातक इन ज्योतिष महोदय का भी परिचित है तो कभी कहीं किसी बैठक में दोनों की चर्चा चल पड़ी । जातक ने बताया कि उसे कोई भी रत्न न पहनने की सलाह मेरे द्वारा मिली है, तो ज्योतिष महोदय का प्रश्न था कि कौन ऐसा मूर्ख पंडित है जो ऐसी सलाह दे रहा है और बाकायदा वो ये बात फोन पर मुझे कह रहे थे । दो मिनट की चर्चा के दौरान ही मेरे लिए ये भांपना काफी था कि ये फ़ेसबुक विश्वविद्यालय व व्हाट्सएप यूनिवर्सिटी से पढ़े हुए वो शौकिया सज्जन हैं और उसी आधार पर ये महाशय इतना भ्रमित हो रहे हैं । नित्य ही ऐसे कई शौकिया ज्योतिषी देखता ही रहता हूँ पर आश्चर्य होता है जब वो अपनी ऊट-पटांग सिद्धांत लादते हैं। अब समय का अभाव कहें या हिम्मत हारना किन्तु ऐसे लोगों से बहस की मेरी कोई इच्छा नहीं होती क्यों समय खपाया जाये खैर जाने दीजिए । कुम्भ लग्न पर अपने लेख में पूर्व में भी चर्चा कर चुका हूं ये शुक्र ग्रह को मुख्यतः प्रभावित करने वाला लग्न है । अब शुक्र ग्रह जैसा कि आप सुधि पाठक जानते हैं भौतिक सुख सुविधा प्रदान करने वाला ग्रह है तथा भौतिक सुख सुविधाओं की प्राप्ति के लिए धन की आवश्यकता होती है, धन, जैसा कि ज्योतिष के जिज्ञासु जानते हैं, कुम्भ लग्न में ये गुरु के अधीन का विषय होता है और सामान्य मैत्री चक्र में गुरु व शुक्र नितांत शत्रु ग्रह माने गए हैं । अब भला अपने भावों से प्राप्त

धन को गुरु क्योंकर शुक्र के हवाले करने लगा। वास्तव में धन का अभिप्राय केवल मुद्रा से नहीं है। धन एक विस्तृत विषय है, जिसके अधीन बहुत से कारक होते हैं। हर ग्रह के लिए धन का अभिप्राय भिन्न होता है। मंगल के लिए धन का अर्थ भूमि है। बुध के लिए इसे पैसे के रूप में देखा जाता है। गुरु के लिए ये मानसिक शांति को अभिरूपित करने वाला विषय है। सूर्य के लिए ये सत्ता की प्राप्ति है व शनि के लिए विषय विशेष में दक्षता हासिल करना ही धनवान होना है।

जिन सज्जन का जिक्र ऊपर किया था मैंने वे नगर निगम में इंस्पेक्टर हैं। जिनके पास एक सुंदर धर्मपत्नी जी व पुत्रियों का भरा पूरा संसार है।

शानदार मकान व वाहन की प्राप्ति है। कुम्भ लग्न की कुंडली में, योगकारक शुक्र पंचम त्रिकोण में बैठकर पूर्ण बली है व नवांश में भी बेहद सकारात्मक है। इस सकारात्मकता का परिणाम हम जातक के सुखी जीवन के रूप में देख सकते हैं। किन्तु जातक को प्रलोभन दिखाकर ज्योतिषी महोदय स्वाभाविक रूप से उनको ऊपरी कमाई के लिए उकसाना चाहते हैं। आप उनको विवाहोत्तर संबंधों की ओर धकेलना चाहते हैं। एक जातक जो समाज में मान सम्मान के साथ जी रहा है आप उनको अधिक भोगी प्रवृति की ओर धकेलना चाहते हैं। एक मिठाई जो हलवाई द्वारा पहले ही एक संतुलित आकार व स्वाद प्राप्त कर चुकी है आप उसमें और मीठा डालकर उसका बेड़ा गर्क करना चाह रहे हैं।

कुम्भ एक ऐसा लग्न है, जिसमें रत्न धारण हेतु बहुत से समीकरणों को ध्यान में रखना पड़ता है। इसमें गलती की कतई गुंजाइश नहीं हो सकती। यहां धन को मजबूत करने के लिए यदि आप जातक को पुखराज धारण करा रहे

हैं, तो वास्तव में आप उसे वैराग्य के लिए उकसा रहे हैं। परिवार की ओर से लापरवाह कर रहे हैं सामान्यतः आप कुम्भ लग्न के जातकों को धीर गंभीर, कम बोलने वाला, एक शांत आचार व्यवहार का जातक देखते हैं। कारण वही है, आय व धन दोनों का गुरु से प्रभावित होना और गुरु के लिए धन का अर्थ मानसिक शांति है। यही कारण है कि गुरु की मीन राशि में शत्रु होकर भी शुक्र उच्चत्व को प्राप्त होते हैं। भोग विलास को लगाम लगती है व वह सात्विकता पाता है। वहीं मित्र बुध की राशि कन्या में शुक्र नीच का प्रभाव देने लगता है शुक्र सबसे अग्रणी ग्रह है, एक दृष्टि वाला ग्रह है। जिस गुरु से खुलेआम दुश्मनी निभाता है, उसके घर (मीन) में आते ही चोला बदल संत बन जाता है। इससे अधिक रूप बदलने वाला भला और कहां देखने को मिल सकता है।

रत्नों में बहुत शक्ति होती है मित्रों, ये जातक को अर्श व फर्श दोनों पर ले जा सकते हैं। अतः मात्र सुनी सुनाई बातों कि केंद्र त्रिकोण का रत्न धारण करना शुभ होता है, इन बातों से परहेज करना चाहिए। ये बहुत बेसिक बातें हैं जो समझाने के लिए पुस्तकों में लिखी होती हैं, किन्तु इसका अर्थ गूढ़ होता है। बुखार में पैरासिटामोल खाया जाता है ये अमूमन हर कोई जानता है, किन्तु मरीज की आयु देखकर इसकी मियाद घटाई बढ़ाई जाती है। कई रोगों में पैरासिटामोल से परहेज किया जाता है। इसकी अधिकता लीवर को खराब कर सकती है। ये बात एक चिकित्सक बेहतर तरीके से जानता है, इसी कारण बिना मरीज देखे दवा नहीं लिखता। इसी प्रकार फर्जी पुस्तकें पढ़कर, रत्न संबंधी सलाह देने से बचना चाहिए। ज्योतिष आपके लिए शौक का विषय हो सकता है किंतु जातक का जीवन आपकी एक गलत सलाह से बर्बाद हो सकता है। अतः बेशक इसका शौकिया अध्ययन

कीजिये, किन्तु यदि आप ज्योतिष के विधिवत विद्यार्थी नहीं हैं तो आपसे हाथ जोड़कर विनती है कि औरों को सलाह देने से बाज आइये। नववर्ष आपके लिए भगवती के आशीर्वाद से नई सौगातों से भरपूर हो ।

सादर प्रणाम।

13. राहु

राहु एक क्रिया का नाम है । इसे आप किसी रूप में खोजेंगे तो निराशा हाथ लगेगी । ये हर जगह है, किन्तु कहीं नहीं है । आम का वो स्वाद जिसे आप परिभाषित नहीं कर सकते, राहु ही है । बहुत तेज प्यास के बाद पानी से जो तृप्ति प्राप्त हुई वो राहु है । किसी लाचार को देखकर जो दया आई वो राहु ही है । आनंद प्राप्त हुआ वो राहु है। दवा का जो कड़वा स्वाद है वो राहु है । अतः ऐसा कुछ भी जिसकी कोई सीमा नहीं, कोई माप नहीं वो राहु है । शरीर में आभास के रूप में इसे खोजने का प्रयास करें तो इसके दो रूप हैं। एक विक्रम और एक बेताल । एक सकारात्मक और एक नकारात्मक ।

जातक के अंदर किसी भी कला के लिए जो तकनीक है वो राहु है । मशीन के अंदर तकनीक राहु है । शरीर द्वारा बिना सोचे समझे किये गए कार्य राहु हैं । बिजली का तार छूते ही उसका बिना ये देखे कि बच्चा है या बूढ़ा या जवान, विद्युत का झटका देना राहु है । कुछ भी अप्रत्याशित होना राहु है और जहाँ भी राहु को संतुलन देने का प्रयास किया जाता है, किसी भी प्रकार से, किसी के भी द्वारा, वो केतु है । बिजली का झटका आते ही ट्रिप हो जाना केतु है । राहु आकाश है अर्थात सिर है, केतु पाताल है अतः पैर है । दोनों का मेल है तो विक्रम बेताल है वरना बिना ताल के यानी बेताल है । विक्रम है तो हर बात क्रम से है, सही है । इसलिए यदि विक्रम (विवेक) जीवित है तो बेताल को भी ताल प्राप्त है । वो सुर में है, अतः क्रिया के संतुलन के रूप में केतु की कीमत है ।

सादर प्रणाम ।

14. राहु-केतु

आज की आपाधापी के पीछे अगर जीवन के व्यवहारिक तल पर सफलता के ज्योतिषीय कारण जानने की कोशिश करें तो सबसे पहले और मुख्य रूप से राहु का रूप सामने आता है । आप जीवन के किसी भी क्षेत्र की कल्पना राहु के बिना नहीं कर सकते । राहु आकाश है, विस्तार है, सीमायें है व मुख्य रूप से उन्माद है, धुन है । किसी भी वस्तु का किसी भी चीज का नशा, धन, रूप, ताकत, हवस का, दिखावे का । नशा नियंत्रित न किया जा सके तो नाश का रूप ले लेता है ।

मन को चंद्रमा माना गया है । अगर मन में विचार नहीं तो वो किसी काम का नहीं । विचार अगर हों भी और उन्हें एक सीमा विशेष में बाँध दिया जाये तब उस मन की कोई शक्ति नहीं । राहु सीमा है… राहु चंद्र ग्रहण योग बना लेंगे, फिर मन अर्थात चंद्रमा को अपनी गति, अपना विस्तार बिना राहु के कैसे हासिल होगा । राहु आकाश है… फिर भला बिना आकाश के चंद्रमा की क्या बिसात । वैदिक ज्योतिष में बुध धन, बुद्धि, और वाणी के कारक है । अब अगर बुद्धि को विस्तार नहीं मिल पाये ज्ञान कैसे प्राप्त होगा। व्यापार अगर राहु का विस्तार हासिल नहीं करेगा तो पनपेगा कैसे ।

इसी तरह सूर्य की चमक आकाश में ही आभासित होगी । आकाश राहु की श्रेणी में आता है । राहु सूर्य तो आपस में सामान्य गणना के अनुसार सूर्य ग्रहण बना लेंगे । किन्तु बिना आकाश के सूर्य का कैसा तेज़ ।

राहु व केतु आपस में सदा 180 डिग्री का अंतर बना कर कार्य करते हैं । राहु सोच है तो केतु उस सोच को अमली जामा पहनाने वाला धड़ । इसी

सम्बन्ध को स्थापित रख ये मनुष्य के कर्मों को गति प्रदान करते हैं। कर्म की अपनी एक गति होती है एक क्रिया है जो प्रतिक्रिया से जुड़ती है। प्रतिक्रिया केतु है, जो राहु द्वारा किये कर्म का परिणाम है। सम का अर्थ है समान, व बंध का अर्थ होता है बंधन, अर्थात जिस डोर से एक बंधा है उसके दूसरे छोर पर दूसरा। जोर दोनों पर बराबर लगने वाला है। आप सामने वाले से जितना कटना चाहेंगे, वो भी उसी गति से आपसे दूर भागेगा। आप किसी के प्रति द्वेष की भावना रखेंगे, वो नकारात्मक ऊर्जा उतनी तेजी से आपका नाश करेगी। आप जितना सम्मान दूसरे को देंगे उतना वो आपके लिए समाज से और अर्जित करेगा।

राहु को आप धनुष मानिए तो केतु उसमें लगा तीर है, जितना धनुष की कमान खिंचेगी उतना दूर तक तीर जाएगा, किन्तु ध्यान दीजिये कि कमान ने तीर को अपने से दूर फेंकने (असल में अपने स्वयं के कारक प्रभाव को बढ़ाने के लिए, अपनी शक्ति दिखाने के लिए इस्तेमाल किया) के लिए तीर को अपनी तरफ अंदर खींचा था। अपना घनिष्ठ, अपना प्रेम का पात्र बनाने का प्रयास किया था (या कहें ऐसा आभास दिया था) जितना अधिक से सम्बन्ध बना उतना दूर तक तीर गया, उतनी वाहवाही धनुष को मिली, उन्हें थामने वाले हाथों को मिली, किन्तु दूरी तो तीर ने तय की थी, उस तीर ने जिसका कोई नामलेवा भी नहीं होता। अपना सर्वस्व झोंक दिया तीर ने दूरी को अधिक से अधिक नापने के लिए अपनी अंतिम सांस तक समर्पित कर दी।

इस प्रयत्न में तीर स्वयं के प्राणों का बलिदान कर देता है। क्यों कर देता है भला। जवाब सीधा है, उस खिंचाव के लिए जिसके द्वारा धनुष ने तीर को

अपने निकट खींचा था, उस प्रेम के लिए जिससे डोर ने अंतिम चुम्बन तीर को किया था।। वस्तुतः यही संतुलन जीवन के व्यवहारिक तल में भी लागू होता है।

संकल्प रखो, पूर्णतया प्रयास करो, सफलता अर्जित करो, किन्तु इस सफलता के नशे में उन्हें मत भूलो जो आपके लिए समर्पित हो गए। अपने ज्ञान के नशे में उस गुरु का अपमान न करो जिसने तुम्हारे मासूम हाथों में कलम पकड़ना सिखाया है। हुनरमंद बनो किन्तु इस नशे में उस अनजान केतु की उपेक्षा मत करो, जो तुम्हारे एक-एक करतब पर तालियां बजा-बजा कर तुम्हारा उत्साह बढ़ा रहा था। धनार्जन करो किन्तु उन मजदूरों को मत बिसराओ जिन्होंने तुम्हारे लिए अपना खून पसीना एक किया है। उन माँ पिता को न भूलो जिनके कारण तुम्हारा अस्तित्व है। नशे को खुमारी बने रहने दो नाश मत बनने दो।

ग्रहों का अस्तित्व हमारे शरीर के भीतर है। अगर राहु को सही गति, सही दिशा मिलती है तो ये सब कुछ आपमें सामर्थ्य में करता है। बिना राहु के कोई भी ग्रह प्रभावशाली नहीं, किन्तु बिना केतु के राहु कुछ भी नहीं।

होली का आगमन है, राहु इस समय काल में अपने पूर्ण रूप से अवतरित हो जाते हैं। चारों ओर उमंग है मस्ती है। खेतों में पकने को तैयार फसल मदमस्त होकर झूम रही है। नए फूल नए पत्ते अपने आगमन से पेड़ों में नई ऊर्जा भर रहे हैं। कोयल के मधुर स्वर प्रकृति को संगीतमय कर रहे हैं। फाल्गुन सम्पूर्ण सृष्टि को मदहोश किये देता है।

विद्यार्थी नयी कक्षाओं के जोश में हैं। व्यापारी साल के अंत में लाभ गिनने के उत्साहित हैं। आप भी मन का मैल त्यागकर उन्हें गले लगाइये जिनसे

किसी कारण मनमुटाव चल रहा है । किसी कारण कोई द्वेष पल रहा है । सबसे अपने स्नेह का प्रमाण दीजिये । उन्हें अपनी ओर खींचिए और स्वयं देखिये भविष्य में ये तीर आपके लिए कितनी दूर तक जाता है ।

सादर प्रणाम ।

15. बुध

ज्योतिष में सबसे कम विवेचित किये जाने वाला कोई ग्रह है तो वह बुध है। संसार भर के ज्योतिषी राहु शनि व मंगल की पूंछ उमेठने में ही सामान्यतः लगे रहते हैं, किन्तु बुध से अधिक प्रासंगिक इस युग में किसी ग्रह को नहीं माना जा सकता । जातक का बुध मजबूत है तो बहुत सी बाधाओं पर वो सहजता से विजय पा लेता है ।

जन्म में साथ बुध का प्रथम प्रभाव जातक की त्वचा पर होता है अर्थात स्किन बुध का विभाग है । विडंबना है कि समाज में श्रेष्ठता का प्रथम सोपान आपकी त्वचा के रंग से तय होता है । द्वितीय पायदान आपके स्नायु तंत्र हैं। विवेकहीन की भला क्या बिसात, हालात को नियंत्रित रखने के लिए आपका स्वयं के स्नायु पर नियंत्रण होना आवश्यक है । बुध का तीसरा अधिकार क्षेत्र आपकी वाणी पर है । संसार की प्रत्येक मुश्किल को आप अपने भाषा कौशल से सहज ही निपटाने में सक्षम होते हैं । शिक्षा में मैथ्स अर्थात गणित का डंका संसार भर में बजता है, यह गणित बुध द्वारा ही नियंत्रित होती है ।

दुनिया को चलाने के लिए अथवा कहें संसार में जीने के लिए अगर आज के युग में कोई वस्तु प्राणवायु से भी अधिक कीमती हो चली है तो वह पैसा है । बुध पैसे का अधिकारी है । बिना बुध कोई बैंक नहीं, कोई फाइनेंस सेक्टर नहीं, कोई कम्युनिकेशन नहीं । दिशाओं में सर्वाधिक महत्वपूर्ण दिशा उत्तर का अधिकारी बुध ही है । वनस्पतियों में सबसे कीमती तुलसी को बुध

का पौधा ही माना गया है। हरी भरी खेती का मालिक ही असली जमींदार है। हर प्रकार का व्यापार बुध ही तो है। देवताओं में अग्रपूजनीय गणेश जी इसके अधिष्ठात्री देवता हैं।

आप जानते हैं बुध का धरती पर सबसे बड़ा स्रोत क्या है? जिसे आप बुध का ट्रांसफार्मर कह सकते हैं, वो बुआ होती है। आपके पिता की बहन। आपकी फूफू। विश्वास कीजिये यदि आपका बुआ से मतभेद है तो स्वयं के व्यापार में बरकत की कहानी भूल जाओ, ये संभव नहीं है। बुध का दूसरा जेनरेटर किन्नर होता है। यदि आपके मन में किन्नरों के लिए सम्मान नहीं तो बुध आपके सम्मान की धज्जियां कभी भी उड़ा सकता है। तुलसी का पौधा आपके लिए कल्पवृक्ष के समान है, इसे घर में लगाइये व इसका सेवन किसी भी रूप में कीजिये। बहुत सी समस्याएं स्वतः ही आपका पीछा छोड़ देंगी। ज्योतिष को समझने के लिए बहुत से वेद पढ़ने की आवश्यकता नहीं। ज्योतिष आपके चारों तरफ बिखरा पड़ा है। बस समग्र दृष्टि रखिये। देखने से अधिक समझिये। तोते की भांति रटने की बजाय महसूस कीजिये। समस्त प्रश्नों के उत्तर ब्रह्मांड में बिखरे पड़े हैं। स्वयं खोजिये।

सादर प्रणाम।

16. कर्क लग्न: आशीर्वाद या अभिशाप

भ्रमण चक्र का चतुर्थ लग्न कर्क, विप्र वर्ण, स्त्री लिंगी, जल तत्वीय एक शुभ लग्न है । ज्योतिष शास्त्र में इसे राजयोग लग्न माना गया है । हो भी क्यों नहीं चारों केंद्र स्थानों में किसी न किसी ग्रह की उच्च राशि है और सबसे बड़ी बात ये की ये मर्यादा पुरुषोत्तम श्री राम का जन्म लग्न है । धरती के सर्वाधिक निकट व सर्वाधिक प्रभावित करने वाले चंद्रमा के आधिपत्य का लग्न है । राजनीति में उच्च स्थानों पर सुशोभित प्रतिष्ठित व्यक्तियों का भी यही लग्न देखा गया है । कर्क लग्न का सारा हिसाब किताब लगभग चंद्रमा व भूमि पुत्र मंगल के इर्द-गिर्द घूमता है । कैसी विडंबना है की इस लग्न में राजयोग बनाने वाले मंगल की ही ये नीच राशि मानी गयी है । तमाम सिद्धांतों के बाद भी लग्न में मंगल नीच ही तो माना जाता है वो भी मित्र होकर, इससे नजर फेरना संभव नहीं । अपने दैनिक जीवन में राम की ही भांति कर्क लग्न के जातकों को वनवास काटते देखा है । वनवास का भावार्थ कई रूपों में देखा जा सकता है ।

यदि कर्क पर राम का प्रभाव मान लिया जाये तो ये भी मानना होगा की बिना हनुमान के कैसे राम । राम के जीवन में हनुमान ही संकट मोचन थे । स्वाभाविक रूप से कर्क में मंगल ही योगकारक होता है । किन्तु हनुमान तो शापित थे । बिना गुरु (जामवंत) के उन्हें अपनी शक्तियों का ध्यान कहाँ । ठीक जिस लग्न में मंगल नीच, देवगुरु वहां उच्च, लग्न का गुरु उच्च होकर हँसक योग व केंद्र त्रिकोण योग बनाता है ।

सामान्यतः मंगल की दशा का इन्तजार तो इस लग्न को करना ही होता है। इस बीच जो अपने हनुमान को पहले ही ढून्ढ पाए। वो पहले सीता (सफलता) को ढूँढ लेते हैं। हनुमान अर्थात हनु+मान, जिसने अपने मान का हनन करना सीखा। आम जनों के मुकाबले इन जातकों में अभिवृत्ति गुण कुछ अधिक होता है। खुद को अधिक समझदार मानने का गुण भावनाओं की अधिकता। तभी तो मंगल मित्र होकर भी कर्क में नीच है। भला भावनाओं में भरा हुआ जोश शुभ फल कैसे दे सकता है। भावनाओं को तो विवेक चाहिए, जो सोच समझ कर उचित निर्णय कर सके, तभी तो गुरु उच्च हैं यहाँ पर।

योगकारक मंगल यदि उच्च होता है तो दाम्पत्य पर दोष करता है। रुचक योग बनाता है तो पंचम शिक्षा से षडास्टक बनाता है। शिक्षा का किसी अन्य विषय में और जीवन में रोजगार का प्रयास अन्य क्षेत्र में संघर्ष बढता ही जाता है। इस लग्न में कार्य भाव का अधिपति भौम, आय का शुक्र, धन का सूर्य व भाग्य का अधिपति देव गुरु होते हैं। यहाँ शुक्र को छोड़कर बाकी तीनों ग्रह आपस में मित्र हैं तो ऐसे में जो भी ग्रह अधिक शक्तिशाली हो, उससे सम्बंधित कार्य व्यवसाय उचित फल प्रदान करता है। मंगल का प्रभाव दशम भाव पर जातक को ऊर्जा देता है। इसी समीकरण में यदि सूर्य व गुरु भी दशम को बल दे रहे हों तो जातक सरकारी क्षेत्र में उच्च पदस्थ हो सकता है। शनि या राहु दशम भाव या दशमेश को प्रभावित कर दें तो नौकरी आदि का स्तर कुछ हल्का हो जाता है। दक्षिण की यात्राएँ यहाँ सहायक होती हैं। दक्षिण बार-बार संकेत करता है। जो समझ गया वो आगे बढ़ता जाता है। राम को दक्षिण की यात्राओं ने ही राम बनाया वरना मात्र अवध के नायक

थे। जरा से योग अन्य भी सहायक हों तो विदेश यात्राओं के सर्वाधिक योग इसी लग्न में बनते हैं।

धन की बात करें तो धनेश उच्च होगा तो अपने भाग्य भाव में होगा। आयेश उच्च होगा तो अपने से आय भाव में होगा यानी दोनों ओर से मजबूत। तभी तो राजाओं का लग्न कहा गया है। बुध द्वादश व पराक्रम भाव का अधिपति है। सूत्र कहता है की ऐसे में बुध जरा भी मजबूत हो तो जातक के पराक्रम का लाभ बाहरी लोग लेते हैं। वहीँ भाग्येश उच्च होगा तो अपनी मूलत्रिकोण राशि से अष्टम में होगा। स्वाभाविक रूप से अपना भला न सोच कर दूसरों के हित में अपना सर्वस्व होम करना। इन्हीं गुणों ने राम को पूज्य बनाया, किन्तु आज के परिवेश में यही गुण दुःख का कारण बनते हैं। शनि यदि किसी भी प्रकार से दशम भाव को प्रभावित कर रहे हों तो सामान्यतः स्थिति संसार की दृष्टि में तो आदर्श रहती है। किन्तु भीतर ही भीतर जातक दुखी रहता है। स्त्री स्वभाव की थोड़ा तेज हो सकती है किन्तु जातक उसके भाग्य से बहुत कुछ प्राप्त करता है इसमें कोई संशय नहीं। शनि के साथ मंगल अथवा गुरु की युति इस मामले में थोड़ा राहत देती है। अकेले देव गुरु यदि सप्तम् में हो जाएँ तो दाम्पत्य भाव बिखरने लगता है। शनि के साथ बुध की युति शारीरिक दुर्बलता उत्पन्न करती है और अगर ये युति अष्टम भाव में हो तो हालात अधिक चिंता जनक होते हैं। ये लग्न वैसे भी अल्प संतान का कारक है, अतः ऐसे में कुंडली मिलान के समय संतान भाव पर विशेष ध्यान दिया जाना आवश्यक है। स्त्री की कुंडली में यदि शनि पंचम भाव में हो तो उसका जीवनसाथी अध्यात्म व दर्शन की और अधिक ध्यान देता है, जिस कारण परिवार के लिए समय कम देता है। अकेला शनि अष्टम भाव में पति को दीर्घायु किन्तु रोगी शरीर का स्वामी

कर सकता है। सप्तम् भाव में अकेला गुरु दाम्पत्य भाव के लिए उलझने बढ़ाता है। कुछ सामान्य से उपाय इस लग्न में काफी असरदार सिद्ध होते हैं। सर्वोत्तम परिणाम प्राप्त करने के लिए अध्यात्मिक मार्ग चुने। नियमित रूप से हनुमान जी की उपासना करें।

सादर प्रणाम।

17. पंचम भाव - भाग्य का भाग्य

परम्परागत ज्योतिष में यकीन रखने वाले ज्योतिषी कई बार शास्त्रों की उस रहस्यमय भाषा की पहेलियों में उलझ कर उस सूत्र से दूर रहते हैं जो कि सारे रहस्य की कुंजी होता है । इसी क्रम में आज हम पंचम भाव की बात करते हैं । पंचम भाव संतान व उत्पादन का भाव है। नवम भाव भाग्य व पिता का भाव है। नवम से नवम व पिता का पिता यदि किसी भाव को माना जाये तो वह पंचम भाव है । कुंडली को जो भी भाग्य प्राप्त हो रहा है वह फलित होने के लिए भाग्य के बीज यानी पंचम भाव से प्रभावित हो रहा होता है। कई लोगों का प्रश्न होता है कि हमारे भाग्य भाव में तो बड़े सुन्दर ग्रह बैठे हुए हैं, फिर भी हम परेशान क्यों हैं । उन सभी से आग्रह है की अपने पंचम भाव पर दृष्टि डालें । क्या ये भाव पाप प्रभाव से मुक्त है । भाग्य को फलित होने के लिए क्या मंच मिल रहा है । इसका निर्णय पंचम भाव से प्राप्त होने वाली ऊर्जाओं पर निर्भर करता है । सामान्यतः नवम भाव को पितृ दोष उत्पन्न करने वाला भाव माना जाता है । किन्तु पंचम भाव नवम से कहीं अधिक तीव्रता से कष्टदायक पितृ दोष उत्पन्न करता है। पैदा होने वाला जातक लग्न का प्रभाव लेकर जन्म लेता है । अगर लग्न स्वयं जातक है तो पंचम भाव उस जातक को पैदा करने वाले पिता (नवम) का भी पिता है । अर्थात आप जिस पेड़ (नवम) का फल हैं वो पेड़ पंचम रुपी बीज के गुण - दोषों पर निर्भर है। अतः सीधे रूप में अब आप जिस फल का उत्पादन (पंचम) करने वाले हैं वो आगे जाकर भाग्य को बीज देने वाला है । किन्तु आप जो भी फल उत्पन्न करने वाले हैं ये आपको जन्म देने वाले पेड़ (नवम) की गुणवत्ता पर निर्भर होगा क्योंकि आप उसी वृक्ष का फल हैं । अब वो

वृक्ष (नवम) कैसा था ये उसे जन्म देने वाले बीज (पंचम) पर निर्भर करता है, अतः जातक के रूप में दादा का ही रूप सामने आता है। दादा ने (पंचम) जो पेड़ (नवम) लगाया, उसका फल लग्न है। अतः पंचम का भाग्य लग्न है। इसी क्रम में ये त्रिकोण चलता रहता है। ऐसे में ये समझना आसान हो जाता है कि क्यों पुराने समय में बुजुर्ग कहा करते थे कि दादा का बोया पोता काटता है। यही पितृ दोष है। पितृ दोष यानी पितरों द्वारा किया गया कोई पाप कर्म अथवा पितरों का कोई ऋण जिसे उनका भाग्य होने के कारण हमें भुगतना है। नहीं भुगतते हैं तो फिर अपने भाग्य के लिए कौन सा बीज दे रहे हैं ये हम ही तय कर रहे हैं। इसी लिए कहा गया है कि कर्म हमारे द्वारा किया गया उत्पादन (पंचम) ही भाग्य को बिगाड़ता बनाता है। जैसा उत्पादन हम करेंगे, भाग्य को पनपने के लिए वही बीज के रूप में मिलेगा।

महत्वपूर्ण रूप से पंचम भाव सम्बन्धी उपाय बहुत आवश्यक हैं । अगर आपकी कुंडली सशक्त होकर भी परिणाम प्रस्तुत नहीं कर पा रही है तो बहुत संभव है कि आप एक अदृश्य -अनदेखे पितृ ऋण के कर्जदार हैं। सबसे पहला प्रभाव आप संतान पर पाएंगे। या तो होगी नहीं, होगी तो स्वस्थ सुखी नहीं होगी या आगे जाकर आपके काबू में नहीं होगी । अर्थात संतान सम्बन्धी कई विषमताएं देखने को मिलेंगी । दूसरा प्रभाव इसका आपकी शिक्षा के ऊपर दिखाई देगा आप चाह कर भी, लायक होकर भी शिक्षा के स्तर को उठा नहीं पाएंगे। शिक्षा प्राप्त हो भी जाएगी तो भविष्य में आपके किसी काम नहीं आएगी । आपसे कम गुणी- कम लायक लोग भाग्य के सहारे आप से आगे निकलते जाएंगे व आप हाथ मलते देखते रह जाएंगे। अगर आप भी स्वयं को ऐसी स्थिति में पा रहे हैं तो अपने दादा के बारे में ज्ञात कीजिये, उनके किसी भाई (जो की अविवाहित रहा हो) के बारे में

ज्ञात कीजिये। उपाय वही से प्राप्त होगा, रहस्य वहीं से खुलेगा। साल भर के भीतर आप अवश्य हालात में बदलाव महसूस करेंगे । पितृ दोष का असल उपाय नवम से न पकड़कर पंचम से प्राप्त करें।

सादर प्रणाम।

18. पंचम भाव - जन्म, मृत्यु, प्रारब्ध

मनुष्य मृत्यु को प्राप्त होने के पश्चात कहाँ जाता है, इस विषय पर बहुत से ग्रन्थ बहुत से विचार प्रस्तुत करते हैं । किन्तु जन्म लेने से पूर्व वो कहाँ से किस हालात से निकल कर आया है ये जानकारी बहुत कम उपलब्ध होती है । ज्योतिष में इस विषय में बहुत रहस्यपूर्ण तरीके से आगे बढ़ा जाता है । लग्न व अष्टम भाव से प्रभाव एक साथ एक दूसरे की ओर बढ़ता है । वो भी विपरीत कारक के साथ । लग्न जातक का जन्म है तो अष्टम मृत्यु । अब लग्न से अगला भाव अर्थात द्वितीय भाव जन्म के पश्चात की पहली सांस है। इसके विपरीत अष्टम से पहला अर्थात सप्तम् भाव जीवन की अंतिम सांस है । एक तरफ से (लग्न से) प्रभाव आगे आने वाले कारकों के लिए बुनियाद तैयार कर रहा है, तो दूसरी ओर का प्रभाव अंतिम सत्य (अष्टम मृत्यु) से प्रारब्ध की बुनियाद तलाशने का प्रयास कर पीछे की यात्रा कर रहा है।

द्वितीय सांस के बाद तृतीय उसका आकार है । भविष्य की जद्दोजहद से लड़ने के लिए मनोबल पुरुषार्थ है तो सप्तम् से पीछे छठा भाव उस अंतिम सांस (सप्तम्) के लिए कारण पैदा करने वाला भाव है । तृतीय के बाद चतुर्थ माँ की गोद है । वहीँ षष्ठम भाव से पूर्व का पंचम भाव अंतिम सांस के कारण तय करने वाले भाव को उत्पन्न करने वाली भूमि है । एक बात गौरतलब है कि किसी भी भाव, किसी भी ग्रह से सप्तम् स्वतः ही उसके लिए विपरीत प्रभाव उत्पन्न करने को मजबूर हो जाता है । अतः पंचम यदि प्रथम वस्त्र के रूप में माँ के आँचल के रूप में देखा जाता है तो एकादश इसी कारण अंतिम वस्त्र कफ़न का भाव है । लग्न को जातक माना जाये तो नवम उस भूमि का रूप है, जिसपर ये पौधा उगा है । नवम पिता है तो नवम के पीछे पंचम

उसका आधार है । इसी कारण स्पष्ट है कि जातक अपने अंश के रूप में भविष्य में जो पंचम (संतान) उत्पादन करने वाला है, वास्तव में ये ही भाव लग्न के निर्माण वाली भूमि (नवम) का आधार भाव है । अतः सर्वप्रथम पंचम भाव का विवेचन करना श्रेष्ठ निर्णय लेने में सहायक बनता है । पंचम आपके पूर्व जन्म के किस्सों का भाव है व गुरु इस भाव का यात्री है । इसी कारण अष्टम मृत्यु के बाद कालपुरुष में पहला भाव नवम गुरु का भाव है । कालपुरुष में पंचम सूर्य का भाव है जो वंश परंपरा का घोतक है । आप असल में अपने पिता का ही डीएनए हैं और पिता आपके दादा का डीएनए तो असल में आप दादा का ही रूप हैं । आप पिता से अधिक अपने दादा के डीएनए हैं । इसीलिए सामान्यतः अनुवांशिक बीमारियां एक पीढ़ी छोड़कर अधिक प्रबल रूप से सामने आती है । पंचम भाव आपके लिए तय कर चुका होता है कि निकट भविष्य में क्या आपके लिए मारक प्रभाव लाने वाला है । ये संतान और ज्ञान का भाव होता है । पंचम भाव जीवन की रचनात्मकता से जुड़ा है । कुछ प्रसिद्ध उपायों द्वारा उत्तम परिणाम और अपने पांचवें घर को स्थिर किया जा सकता है । ये उपाय कुंडली विवेचना द्वारा जाने जाते हैं कि कौन से ग्रह किस भाव में बैठे हैं । वैदिक ज्योतिष में बृहस्पति पंचम भाव के स्वामी हैं । सर्वत्रः गुरुवार का व्रत पंचम भाव को मजबूत और स्थिर करता है ।

सादर प्रणाम ।

19. कुंडली का छठा भाव

आमतौर पर सर्वाधिक कम कहा गया, लिखा -पढ़ा, विवेचित किये जाने वाला भाव या कहें कुंडली का सर्वाधिक उपेक्षित भाव षष्ठम भाव अर्थात छठा भाव (रिपु भाव) ही रहा है । जबकि कुंडली की दिशा तय करने में अहम् योगदान इस भाव का है । लग्न- पंचम-नवम भाव का त्रिकोण महत्वपूर्ण त्रिकोण होता है। दूसरा भाव प्राप्त होने का भाव है। किसी भी भाव को यदि बीज -जड़ या मूल मान लिया जाये तो समझिए अगला भाव, इस बीज का फल है, इसकी उपज है, प्राप्त हासिल है । नवम का फल कर्म है, लग्न का फल धन भाव है । धन भाव अर्थात आपके पैदा होते ही आपको सहज प्राप्त वसीयत आपको स्वतः प्राप्त सुविधा । इसी प्रकार पंचम भाव जो की शिक्षा, संतान या उत्पादन का भाव है, इसका ही फल षष्ठम भाव है । जातक के जन्म लेते ही उसके लिए शत्रु का रोल निभाने वाला भाव । ये शत्रु भाव है, कुंडली का, जातक का, उसकी हैसियत का, व्यक्तित्व का । अपने प्राप्त ज्ञान से, अपने उत्पादन से (पंचम से) आगे के जीवन के लिए जो उत्पादित होना था, जो लाभ नवम के रूप में लग्न को प्राप्त होना था, उसके लिए विनाश का कारण बन जाता है छठा भाव। लग्न को यह आठवीं दृष्टि से देखता है, उसे बर्बाद करने वाली स्थितियां उत्पन्न करता है ।

अपनी सोच, अपने प्राप्त ज्ञान को (पंचम) जातक अपने भाग्य को बदलने या कहें काम करने का अवसर सोच मुहैया करता है । भाग्य के लिए मंच तैयार करता है । पंचम भाव के लिए लग्न ही भाग्य भाव होता है । अतः प्राप्त शिक्षा, प्राप्त ज्ञान से वह अपने लिए फिर अवसर पैदा करता है यानी हालात उत्पन्न करता है । पंचम भाव का पंचम भाव कुंडली का नवम भाव होता

है। त्रिकोण के अनुसार अपने प्राप्त ज्ञान (पंचम) से हम नवम के लिए बीज होते हैं। अब इस बीज का फल (नवम का) लग्न होता है। लेकिन भाग्य से प्राप्त फल (लग्न) के फल की विशेषता इस बात पर निर्भर करती है की नवम को बीज के रूप में, पैदा होने के हालात के रूप में या कहें पृष्ठभूमि के रूप में पंचम भाव ने कैसा बीज उपलब्ध कराया था। ये सोच का चक्र है।

छठा भाव कमियों का भाव है। हमारी कमियां ही हमारी शत्रु हैं। हमारे शरीर का रोग हैं। तभी तो मारक हैं लग्न में मौजूद मानसिक शक्ति के लिए, तभी तो शत्रु का किरदार निभा रहा है, क्योंकि यहाँ से लग्न आठवां पड़ता है। बर्बाद भले ही अष्टम करता हो किन्तु उस अष्टम के लिए लग्न में जो सोच बनती है, उसकी रूप रेखा तैयार करने का काम कुंडली का षष्टम भाव ही करता है। किसी भी भाव को यदि हाथी माना जाये तो अगला भाव उस हाथी को दिशा देने वाला अंकुश है। उसे एकाग्रता देने वाला बिंदु है। पंचम भाव ने रावण को छठे के रूप में ऐसा विनाशकारी फल दिया जिसने रावण की सोच को (लग्न को) कभी सद्बुद्धि से काम ही नहीं करने दिया। पंचम के बलवान होने के कारण, प्राप्त ज्ञान के रूप में जो फल छठे भाव से उत्पन्न हुआ उसने परम ज्ञानी रावण को अहंकारी, लोभी, कामी बना दिया। छठे भाव की स्थिति आरम्भ में ही संकेत दे देती हैं कि क्या प्रभाव जातक के जीवन में उसके लिए शत्रुता निभाने वाला है। तुला लग्न में उत्पन्न रावण के लिए आरम्भ में ही तय हो चुका था की शत्रु के रूप में गुरु (तुला से छठे में गुरु की मीन राशि होती है) यानी उसका ज्ञान ही उसकी सद्बुद्धि (लग्न को) मारक प्रभाव देगा। इसी प्रकार यदि किसी जातक की कुंडली में चन्द्रमा छठे भाव में मौजूद है, तो मान लीजिये कि जातक की भावनाएं ही उसके लिए शत्रु का रोल निभाने वाली हैं। भावनाओं की अधिकता में ऐसा जातक

अपना भला बुरा नहीं भांप पाता। अतः माता पिता को चाहिए की अपनी संतान की कुंडली में षष्म भाव में प्रभावित हो रहे ग्रहों से बचाव का प्रयास शास्त्रोक्त उपायों द्वारा करते रहें।

पंचम भाव में पड़ा बीज ही तय कर देता है की आगे फल की रूप रेखा कैसी होने वाली है । जीवन में हमें पैदाइशी हासिल सुख भाग्यवश ही प्राप्त होते हैं । इस भाग्य को तय करने के लिए, इस त्रिकोण का मूल पंचम भाव है । छठा भाव इस पंचम भाव को दिशा देने वाला भाव है । यानी इस जीवन व उस जीवन में भाग्यवश हमें जो भी प्राप्त होने वाला है उसका बीज पंचम में पड़ गया होता है। व षष्म भाव उस बीज को पालने का कार्य करता है ।

छठा भाव, दशम कर्म भाव की बुनियाद है । इतिहास गवाह है की जो जातक अपने कार्य व्यवसाय हेतु छठे की मदद लेकर चला, उसने बुलंदियों का स्पर्श किया। अतः जैसे ही आप छठे भाव पर नियंत्रण प्राप्त कर लेते है, आप दशम को अपने अनुकूल हालात उपलब्ध करा पाते हैं । इसी समीकरण में दशम अपने अगले कोण (द्वितीय) के लिए पृष्ठभूमि बनाता है। जितना अच्छा दशम भाव उतना मजबूत द्वितीय भाव ।

कुंडली त्रिकोण पर आधारित होती हैं । किसी भी भाव के सम्बंधित अन्य दोनों कोणों का बहुत महत्व होता है । दशम भाव काम धंधे या कहें कर्म भाव के बनने वाले त्रिकोण में द्वितीय व षष्म भाव ही त्रिकोण के अन्य दो कोण हैं। ऐसे में दशम भाव से सम्बंधित किसी भी प्रकार की भविष्य वाणी हेतु षष्म भाव को नजरंदाज करना बड़ी चूक है । सामान्य भाषा में यही कि जितना आपने अपनी कमजोरियों को काबू में रखा, जीवन में अपनी शक्ति अपने कर्म को नियंत्रित करने का अधिकार पाया । भला कैसे, ध्यान दें की

दशम भाव का भाग्य स्थान छठा भाव ही तो है। अतः ये सोचना कि शिक्षा भाव से (पंचम से) दशम भाव नियंत्रित होगा, बड़ी भूल है। दशम से पंचम तो अष्टम, मारक होता है। हाँ इस पंचम को काबू में करने वाला अंकुश (छठा भाव) अवश्य नवम है। अतः अपने ज्ञान की सही दिशा तय करके सफलता प्राप्त की जा सकती है। डाक्टर की पढाई कर (पंचम) उसे सही दिशा (छठे द्वारा) जन कल्याण में लगाया तो दशम की शक्ति को प्राप्त किया।

शत्रु भाव का शत्रु एकादश भाव होता है, जाहिर तौर पर यदि आपका एकादश भाव मजबूत है तो आप अपने कई रोगों, कई शत्रुओं पर विजय प्राप्त कर सकते हैं। कहते हैं की रावण पुत्र मेघनाथ ने अपने शत्रुओं को परास्त करने के लिए एकादश भाव से सहायता प्राप्त की। शत्रु भाव को (छठे भाव) को बुद्धि दशम से प्राप्त होती है अर्थात कर्म ही आपके शत्रु भाव को सद्बुद्धि प्राप्त करा सकते हैं। अतः अपनी बुद्धि का गलत उपयोग किया तो नवम को खराब किया। अपनी बुद्धि के अंकुश पर नियंत्रण नहीं रखा तो दशम को खराब किया। अतः अपने कर्मों के द्वारा हम शत्रु भाव को विनाशकारी होने से रोक सकते है।

सादर प्रणाम।

20. सप्तम भाव

सप्तम् भाव पर बहुत कुछ कहा गया है। यह रोग भाव व मृत्यु भाव के मध्य खड़ी दीवार है। पुराणों में सत्यवान व सावित्री की कथा आपने सुनी होंगी। सत्यवान की अखंड मृत्यु को अपने सतीत्व के बल पर सावित्री ने परास्त किया, ऐसा प्रमाण है। कालिदास की सफलता के पीछे उसकी स्त्री ही खड़ी दिखाई देती हैं। इतिहास साक्षी है कि संसार में जितने युद्ध लड़े गए, उस सबके पीछे जरू जोरू व जमीन ही रही है। इसी कारण सप्तम् व द्वितीय मारक कहे गए हैं व कालपुरुष का आरम्भ करता मंगल, चतुर्थ में नीच फल देने लगता है। कितनी हैरानी है कि भूमि का कारक होकर भौम अर्थात मंगल, भूमि के भाव मे ही नीच हो जाता है। कभी सोचा है आपने क्यों ? सोचिये, इसी कारण ये भाव झगड़े की जड़ है।

सैकड़ों प्रमाण हैं कि किसी जातक की स्त्री ने अपनी सेवा द्वारा अपने जीवन साथी के बड़े-बड़े रोगों को ठीक किया है। कालपुरुष में देखें तो यह आय का नवम भाव है अर्थात पुरुष की आय को भाग्य देने का स्थान, इसलिए पुराने लोग विवाह के बाद घर पर लक्ष्मी का आगमन होना कहा करते थे। जिस पुरुष ने अपने जीवनसाथी का महत्व पहचान लिया, संसार में उससे अधिक शक्तिशाली कोई नहीं। यह भाग्य की आय का भाव है। अर्थात भाग्य को बरकत तभी है जब सप्तम बलवान है। यह देवताओं के लिए तक पुण्य स्थान रहा है। कितना रोचक संयोग है कि सप्तम सदा लग्नेश का शत्रु ग्रह होता है व अपनी मूल त्रिकोण अथवा उच्च की राशि में यदि ग्रह लग्न

में विराजमान होता है तो सप्तम में स्वतः ही उसकी नीच राशि आ जाती है। हालांकि ये क्रम सभी भावों से बनता है, किन्तु ध्यान रखने वाली बात है कि लग्न से ही अर्धनारीश्वर का निर्माण माना गया है। लग्न यदि संसार को विध्वंस करने में सक्षम शिव का त्रिनेत्र है, तो सप्तम संसार को प्राण देने वाली योनि है, गर्भ है। यह प्राणों की रक्षा का भाव है। अतः पाठकों को चाहिए कि यदि अकाल मृत्यु से बचना है, रोगों की काट करनी है, तो अपने जीवन साथी के आगे नतमस्तक होना सीखिए।

सादर प्रणाम।

21. नक्षत्र पुनर्वसु या पुष्य

आज तक मुख्य मतभेद राम के वास्तविक जन्म तिथि व नक्षत्र पुष्य व पुनर्वसु को लेकर है। हम जानते हैं कि पुनर्वसु नक्षत्र तालिका में सातवें क्रम में आता है, जिसपर देव गुरु का आधिपत्य है। जिसके प्रथम तीन चरणों को भोगने का अधिकार मिथुन व चतुर्थ का कर्क को हासिल है। एक नक्षत्र १३ अंश २० कला का होकर ०३ अंश २० कला के चार चरणों से निर्मित है। वहीं दूसरी ओर एक तिथि सूर्य व चन्द्र की दैनिक गतियों व दूरी के परिणामस्वरूप १२ अंश की मानी जाती है। ऐसे में हम रामनवमी चैत की शुक्ल पक्ष की नवमी को मनाते हैं। कई विद्वान इस बात पर भी संशय में आते हैं कि चैत्र मास में सूर्य मीन राशि में विचरण करते हैं जबकि राम की कुंडली में सूर्य सहित पांच ग्रह उच्च थे। मेष सूर्य की उच्च राशि है, चन्द्र स्वयं की राशि कर्क में होकर उच्च के देव गुरु के साथ ज्योतिष शास्त्र के श्रेष्ठ गज केसरी योग का निर्माण कर रहे थे। मंगल सप्तम् में मकर में पंच महापुरुष में से रूचक व शनि चतुर्थ में शश योग बनाते हुए दशम में उच्च के सूर्य के सम सप्तक होकर पितृ दोष का निर्माण भी कर रहे थे। तकनीकी रूप से बुध व शुक्र में से एक बार में एक ही ग्रह उच्च हो सकते हैं व चैत्र - बैसाख में बुध का उच्च होना असंभव है, तो भाग्य भाव में दैत्याचार्य ही अपनी उच्च राशि मीन में गोचर कर रहे थे। जैसा आज भी प्रचलन है, कि हमारे उत्तर पूर्वी राज्यों में सूर्य माह की अपेक्षा चन्द्र मास की प्रधानता है। अतः सौर्य गणना के अनुसार भले ही सूर्य मेष में उच्च हो चुके थे किन्तु यहाँ जिक्र तिथि का हुआ है न कि गते का। जैसा कि हम जानते हैं तिथि निर्धारित करने का अधिकार चन्द्रमा के पास है व राम जन्म सन्दर्भ में अभी

पूर्णिमा आनी बाकी थी (जहाँ मास बदला जाना अभी बाकी था)। जिस कारण चन्द्र चैत्र मास ही चल रहा था भले ही सूर्य, बैसाख की घोषणा कर चुका था । साधारण गणना आधार पर ही देखें तो पुनर्वसु ८० अंश से ९३ अंश २० कला तक विस्तार लिए हुए है, वहीं दूसरी ओर नवमी तिथि ९६ अंश से १०८ अंश मध्य प्रभावी है । कर्क में अपने चतुर्थ चरण के दौरान पुनर्वसु ९० अंश से ९३ अंश २० कला तक अस्तित्व में है। ऐसे में अभिजीत काल दिन के लगभग मध्य में ४५ मिनट का माना गया है । ९३ अंश २० कला में समाप्त हो रहा पुनर्वसु नक्षत्र भला कैसे ९६ अंश से आरम्भ हो रही नवमी तिथि में अपनी भागीदारी कर सकता है। नहीं कर सकता। अतः स्पष्ट रूप से ९३ अंश २० कला के बाद आरम्भ हो रहा पुष्य नक्षत्र अपने विस्तार १०६ अंश ४० कला के अधिकार क्षेत्र में मर्यादा पुरुषोत्तम श्री राम को पाने का अधिकारी है ।

सादर प्रणाम।

22. दशम का सूर्य

ज्योतिष निरंतर शोध का विषय है, आप पुराने सूत्रों पर कुंडली मारकर वर्तमान में उन सूत्रों को किसी कुंडली से फलित करने की कोशिश करेंगे तो भटकाव की संभावनाएं अधिक प्रबल हो जाती हैं, अतः सूत्रों को नए वातावरण में नए नजरिये से परिभाषित करना बेहद आवश्यक हो जाता है।

ग्रहों के राजा सूर्य को लेकर अमूमन बहुत सी किंवदंतियां व भ्रांतियां चलन में हैं। कालपुरुष में ये लग्न में उच्च व पंचम में स्वराषि होकर बेहद सम्मान पाकर प्रभावी माना जाता है। अमूमन इसी सूत्र को लेकर फलित किया जाता है थोड़ा पीछे जाने का प्रयास कीजिये ज्योतिष का आरम्भ वैदिक राजतंत्र काल में हुआ है ये वो कालखंड था, जब राजा का बेटा राजा होता था व सामान्यतः जातक का जन्म ही उसके कुल को तय करता था।

बृहस्पति के रूप में ब्राह्मणों को सम्मान तो बहुत प्राप्त था, किन्तु परोक्ष रूप से सत्ता में उनका दखल नहीं था। सीधे-सीधे कहें तो अपने पालन पोषण के लिए गुरु स्वयं सूर्य पर निर्भर था। ऐसे में लग्न का सूर्य ये निर्धारित करने में सक्षम था कि जातक अपने पूर्वजों के सम्मान से पोषित होकर राजकुल में जन्म ले रहा है तथा पंचम का सूर्य आपकी कुल परंपरा को आगे ले जाने वाला है। यहाँ शिक्षा नेतृत्व ज्ञान आदि के बहुत मायने नहीं थे। किसी सामान्य कुल के सदस्य द्वारा बहुत बड़ा आंदोलन कर राजतंत्र को पलटने के किस्से सामान्यतः नहीं मिलते हैं। अतः सूर्य निर्विघ्न रूप से अपनी पितृसत्तामक सत्ता को कायम करके चलता था। कालान्तर में [द्वापर बीत जाने के बाद] हम बृहस्पति चाणक्य द्वारा नन्द सूर्य को सत्ताहीन करने का एक बड़ा उदाहरण पेश कर सकते हैं। ऐसे कई और उदाहरण मिल सकते

हैं। ये सूर्य के प्रभावहीन होने का समय काल था। सूर्य स्वाभाविक रूप से पूर्व दिशा का स्वामी है, सूर्य के कमजोर होते ही पूरब पर अन्य दिशाओं से आक्रमण बढ़ने लगे, विशेष रूप से सूर्य के नैसर्गिक शत्रु शनि की पश्चिम दिशा से ऐसे आक्रमणों की अधिकता देखने में आती है। वह यूनान से सिकंदर हो अथवा ब्रिटिश सेनाएं, देश के विभाजन के बाद पश्चिम से किंचित राहत सूर्य को प्राप्त हुई तथा पूर्व तथा उत्तर की सहायता से पुनः सूर्य को अपना साम्राज्य स्थापित करने में सफलता प्राप्त हुई। किन्तु पश्चिम के इतने वर्षों के आक्रमण का फल ये हुआ की सूर्य अपना नैसर्गिक बल अथवा कहें कार्यप्रणाली भूल गया। वह पश्चिम के क़दमों पर चलने लगा। आज भी भारत की राजनीति को आप यूरोप, अमेरिका के पद चिन्हों पर चलने का प्रयास करते देखेंगे अथवा पश्चिमी दिशा के इर्द-गिर्द ही इसे घूमता पाएंगे। यहीं से सूर्य के कार्य करने के तरीके के अंतर आने लगा। धीरे-धीरे भारत में प्रजातंत्र मजबूत होने लगा व राजशाही का लगभग अंत हो गया। अब सूर्य तो राजा है, राजशाही का अंत हुआ तो भला सूर्य स्वयं का वजूद कैसे स्थापित करता। अतः सूर्य राजतंत्र को त्याग राजनीति की ओर अग्रसर हुआ, किन्तु एक राजा के रूप में नहीं, अपितु एक सेवक के रूप में। शनि का प्रभाव अभी तक सूर्य पर स्पष्ट देखा जा सकता है। जैसा कि ज्योतिष के जानकार जानते हैं कि शनि भृत्य(नौकर)का स्थान रखता है, ऐसे में जनसेवक कहलाने वाले नेता ही प्रजातंत्र के राजतंत्र में वास्तविक अधिकारी बन बैठे। सत्ता का केंद्र भी पश्चिम बन बैठा। ऐसे में सूर्य जो कि मेष में उच्च होते थे, वे मेष के बदले मकर में बल पाने लगे। ज्ञात है कि जो सम्मान मकर की संक्रांत को प्राप्त है, वह मेष की संक्रांत को नहीं है।

अतः लग्न व पंचम के सूर्य के मुकाबले दशम का सूर्य अधिक प्रभावी होने लगा। कुंडली विवेचन के दौरान नए अभ्यासी ज्योतिषियों बंधुओं को देखने में आएगा कि दशम का सूर्य परोक्ष व अपरोक्ष रूप से सरकार से जातक को जोड़ता आया है। अगर इसी सूर्य को शनि का बल भी प्राप्त हो रहा हो तो छत्रभंग का निर्माण करते हुए यह तय करता है कि यदि जातक परिवार अथवा पिता से दूर रह पाएगा तो सत्ता में सीधे पैठ बना पाने के सक्षम होगा, जितना जातक अपने भीतर भृत्य(सेवक) होने की भावना प्रबल करेगा, उतनी तीव्रता से वह सत्ता की शक्ति प्राप्त करेगा। जितना अधिक वह अपने नैसर्गिक राजा होने के भाव को प्रदर्शित करेगा। सत्ता व राजतंत्र से दूर होता जाएगा। इसी अनुपात में हम देखें तो पंचम पिता की हानि है। यह दशम से अष्टम पड़ने वाला भाव है। पिता के लिए दुर्योग उत्पन्न करने वाला। ऐसे में पंचम का सूर्य पिता के साथ कोई बड़ी दुर्घटना तय कर देता है, किन्तु स्वयं का भाव होने से ये भी देखने में आता है कि जातक पिता के विभागों में पिता के बाद जुड़ जाता है। इस सूर्य पर किसी पाप ग्रह का प्रभाव हो तो पिता के साथ कई बार बड़ी दुर्घटनाएं भी होती देखी गयी हैं।

दशम से किसी भी प्रकार सूर्य का संबंध बन रहा हो तो सूर्य का रत्न माणिक धारण करने से बचना चाहिए। इसका प्रभाव शनि को प्रभावित करता है, परिणामस्वरूप जो लाभ शनि के भाव दशम में बैठा सूर्य दे रहा होता है वह गड़बड़ाने लगता है। पंचम में सूर्य हो तो माणिक धारण करना शुभ फलदायी होता है।

सादर प्रणाम।

23. किस देव की उपासना करूँ

कई बार पाठकों ने प्रश्न किया है कि कौन से भगवान अधिक फलदायी हैं। मुझे किस देवता को अपना आराध्य मानना चाहिए, शास्त्र किसकी उपासना करता है।

अब वैदिक ब्राह्मण द्वारा भला देवताओं की तुलना कैसे संभव है, एक ही शक्ति है जो भिन्न-भिन्न रूपों में पूजी जाती हैं, सब का स्रोत एक ही है जिसका कोई आकार नहीं कोई रंग नहीं कोई व्याख्या नहीं।

बात जब वेदों की आती है तो हम देखते हैं कि ऋग्वेद अधिकतर इंद्र की स्तुति से भरा हुआ है। तीन चौथाई से अधिक मंत्र इंद्र को समर्पित हैं, बाकी में अग्नि वरुण व सूर्य का जिक्र है यजुर्वेद में भी कमोबेश यही स्थिति देखने को मिलती है व बाकी के अन्य वेद भी इसी स्थिति से गुजरते दिखाई देते हैं। फिर समय आता है पुराणों का जहां शक्तियों को रूप में देखा गया है पुराण में शिव, विष्णु, कृष्ण, आदि साकार रूप उपस्थित हैं, तो ऊर्जा के रूप में सूर्य व अग्नि उपस्थित हैं। बड़ी हैरानी है कि वेदों में अग्रपूजनीय होने वाले इंद्र पुराणों में उपेक्षित हो चले हैं, बाद के पुराणों में तो उनकी छवि भी कुछ दोषपूर्ण होती चली गयी है। आज के पूजा पद्धति में हम कह सकते हैं कि लगभग इंद्र को भुला ही दिया गया है। उनका जिक्र नहीं के बराबर ही होता है। किन्तु एक शक्ति ऐसी है जो जितना प्रभाव वेदकालीन दौर में रखती थी, उतनी ही महत्ता उसे पुराणों में भी प्राप्त है। व आज के कर्मकांडों में भी उन्होंने अपना महत्व बनाये रखा है, वो हैं अग्नि व सूर्य। इनमें भी प्रत्यक्ष दिखाई देने के कारण सूर्य का अपना महत्व है वे बड़ी प्रतिष्ठा के

साथ आकाश पटल पर कायम हैं व ज्योतिष व संसार संबंधी बहुत से नियमों को संचालित करते हैं। ऐसे के सूर्य की उपासना बेहतर परिणाम देने में सक्षम है। आप सभी को नवरात्रे की शुभकामनाएं भगवती आप सभी के परिवारों की रक्षक रहें।

सादर प्रणाम।

24. क्यों प्रभावित है रोजगार

कर्म भाव से संबंधित सिद्धांत बहुत से नियमों के अधीन होकर कार्य करते हैं । विवाह हेतु कुंडली मिलान करते समय जिम्मेदार गणक के लिए यह भी एक विशेष पहलू है, जिसे ध्यान में रखना अति आवश्यक है । सामान्यतः देखा गया है कि जातक अपने कर्मेश(दशम भाव अधिपति) अथवा उसे प्रभावित कर रहे ग्रह के सहयोग से ही अपने कार्य व्यवसाय में सफलता पाता है, किन्तु यहां ध्यान दिए जाने वाला सूत्र यह है कि जातक के जीवनसाथी का भाव अर्थात सप्तमेश अमूमन उसके नवमेश का शत्रु होता है । कितना अचंभा है कि विवाह हेतु सप्तम भाव को पुष्ट करने हेतु षोडशवर्ग के जिस भाव, नवांश को इतना अधिक महत्व दिया जाता है । जन्म लग्न चक्र में ये दोनों (सप्तमेश व नवमेश) सामान्यतः एक दूसरे के सहयोगी नहीं होते हैं । वहीं दूसरी ओर सप्तमेश व दशमेश (कर्म भाव का अधिपति) सामान्यतः एक दूजे को सहयोग करने को तैयार होते हैं । क्या यही कारण होता होगा कि जिन जातकों ने अपने जीवन साथी को अपने कार्यालय अथवा कार्य व्यवसाय में शामिल कराया, उन्होंने सफलता की सीढ़ियां सहजता से लांघी और जिन्होंने जीवन साथी को भाग्य का पूरक मानकर घर में बैठाया उन्हें किंचित संघर्ष अधिक सहना पड़ा ।

सामान्यतः देखने में आया है कि जातक के विवाह के बाद जातक की दशमांश कुंडली के प्रभावित करने के तरीक़े में आश्चर्यजनक बदलाव आने लगते हैं । ऐसे में कई बार प्रश्न आता है कि मेरा कार्य व्यवसाय ठीक से नहीं चल रहा अथवा मेरे धंधे में बरकत रुक गयी है, जबकि जातक की ग्रह दशा उसके अनुकूल चल रही होती है । फौरी तौर पर देखने में किसी प्रकार की

कोई समस्या कुंडली में नहीं दिखाई दे रही होती । ऐसे में जातक के जीवन साथी की कुंडली देखना आवश्यक हो जाता है । बहुत बार देखने में आता है कि धर्मपत्नी जी के सप्तमेश को नकारात्मक रूप से प्रभावित कर रहे ग्रह की दशा अंतर्दशा में जातक के अपने व्यवसाय प्रभावित होने लगते हैं । जबकि उसकी अपनी दशाएं बहुत अधिक विपरीत संकेत नहीं दे रही होती हैं । ऐसे में अगर ज्योतिषी जातक के जीवन साथी की कुंडली प्राप्त नहीं कर पाता तो उसका संशय स्वयं की गणनाओं पर होने लगता है वह अपने सूत्रों को बार-बार खंगालता है । पुरुष व स्त्री विवाह के पश्चात अर्धनारीश्वर का रूप माने गए हैं । ऐसा संभव नहीं कि यदि स्त्री की कुंडली में सप्तमेश गोचर वश पीड़ित हो रहा हो तो पुरुष का जीवन सहजता से चल रहा हो ।

अतः ज्योतिष बंधुओं को चाहिए कि जातक के कर्म भाव को फलित करने से पूर्व एक दृष्टि जातक के जीवनसाथी की कुंडली पर भी डाल लें । तब ये प्रश्न करने की आवश्यकता नहीं होगी कि जातक की कुंडली में कोई समस्या नहीं आ रही, तब भी उसका व्यवसाय क्यों चौपट हुआ जा रहा है ।

सादर प्रणाम ।

25. निषेध

कारक व अकारक के संबंध में बहुत सी भ्रांतियां व जिज्ञासाएं देखने में आती रहती हैं। कई पाठकों का प्रश्न होता है कि हमारे लिए क्या कारक है व क्या अकारक है। ऐसे में अपने सुधि पाठकों को आज इस प्रश्न का उत्तर देने का प्रयास करता हूँ। कारक अकारक के कंफ्यूज़न में एक शब्द सदा उपेक्षित हो जाता है और वह है निषेध। निषेध अर्थात आउट ऑफ बाउंड, आपके समीकरण के विपरीत कोई सिद्धान्त, नियम, वस्तु।जल से उत्पन्न होकर भी विधुत उपकरणों के लिए जल निषेध है। दूध कितना भी बेहतर सही, खट्टे के साथ निषेध है। ऐसे में जातक के जीवन में कई साधन निषेध हैं। किन्तु हम ज्ञान के अभाव में उन्हीं निषेध पदार्थों को अपने जीवन में उपयोग करते रहते हैं व अपने लिए समस्याएं उत्पन्न करते हैं। अष्टम भाव अंतिम भाव है जीवन का। नवम प्रथम भाव है, प्राण है। आठवां अंतिम ग्रह है, आठ ग्रह हैं, ग्रहों का प्रमाण आठ है। केतु राहु से ही निकला हुआ ग्रह है। अतः आठवें का रंग मनुष्य के लिए कफन का रंग है। इससे परहेज करना बेहतर होता है। अष्टम मृत्यु के बाद नवम प्रथम जीवन का आभास है, धर्म है, मंदिर है, देवता का स्थान है, बचपन है। ध्यान दीजिए, भोजन का सबसे अधिक परहेज बालक के लिए ही होता है। बहुत से भोज्य पदार्थ उसका शरीर पचाने में सक्षम नहीं होता। दूसरा यह कि मंदिर होने के कारण ये देवताओं को अर्पित होने वाला स्थान है। यहाँ की हर वस्तु पर देवताओं का अधिकार है। अतः भोज्य पदार्थ के रूप में आपके लिए त्याज्य है। नवम में बैठे ग्रह व नवमेश से संबंधित भोजन का परहेज करिये। यहां गुरु विराजमान है तो केले से परहेज कीजिये। चंद्र की राशि है तो रात्रि में दूध

से परहेज कीजिये। आठवें का संबंध मंगल से है तो पहनने के लिए लाल रंग से परहेज कीजिये। गुरु का संबंध है तो पीले रंग के वस्त्रों से परहेज कीजिये। चंद्र संबंधी है तो सफेद त्याज्य है। इसी प्रकार अन्य ग्रहों का संबंध देखा जाना बहुत सी जटिलताओं को सुलझाने में सहायक होता है। सादर प्रणाम।

सादर प्रणाम।

26. बालारिष्ट: नवजात हेतु सूत्र

बालारिष्ट शब्द आप सभी ने अवश्य सुना होगा। आइये आज इस विषय पर कुछ चर्चा की जाये। जैसा की नाम से ही स्पष्ट हो जाता है। बालारिष्ट अर्थात बालपन में ही अरिष्ट की संभावनाएं। ये शब्द किसी एक योग का नाम नहीं है, अपितु कई प्रकार के आयु, स्वास्थ्य सम्बन्धी दुर्योग (बुरे योगों) को बालारिष्ट की श्रेणी में रखा जा सकता है। आइये देखते हैं की शास्त्र व विद्वान गुरुजनों का इस पर क्या कहना है।

"चन्द्रसूर्यगृहे राहुश्चन्द्रसूर्ययुतो यदि
सौरि भौमेक्षतम लग्न पक्षमेकं न जीवति"

अर्थात किसी नए जन्मे बच्चे के कर्क या सिंह राशि में ग्रहण योग की पुष्टि होती हो (राहु कर्क में चन्द्र या सिंह में सूर्य के साथ हो) व ऐसे में शनि तथा मंगल की दृष्टि भी लग्न पर होती हो तो बालारिष्ट समझना चाहिए। कहते हैं की ऐसे जातक के लिए एक पक्ष (१५ दिन) भी निकालने भारी हो जाते हैं।

"जातकस्य विलगनस्था:शुक्रसूर्यशनैश्वरा:
द्वादस्थो गुरुश्चेव पञ्चमासं न जीवति"

बालक के जन्म के समय लग्न में शुक्र-सूर्य-शनि हों व ऐसे में देवगुरु भी द्वादस्थ हो रहे हों तो शुरुआती पांच मास बालक के लिए भारी होते हैं।

"लग्ने भाष्कर पुत्रश्चनिधने भूमिनन्दनः
षष्ठे यदि भवेज्जीवो द्विमासनिप्रयते"

भास्कर के पुत्र अर्थात शनि यदि लग्न में हों व भूमि नंदन अर्थात मंगल यदि अष्टम में हों व ऐसी अवस्था में जीव अर्थात देवगुरु षष्टम में विराजमान हो जाए, दो शुरुआती दो माह भी जातक के लिए अशुभ हो जाते हैं।

"पक्षेसिते भवति जन्म यदि क्षपायम
कृष्णो त्वथा हानि शुभाशुभ दृष्टमूर्तिः
तं चन्द्रमा रिपुविनाशगतोपि यत्ननाद
आपस्तु रक्षति पितेव शिशुमू न हन्ति "

शुक्ल पक्ष में रात्रि का जन्म हो अथवा कृष्ण पक्ष में दिन का जन्म हो तो शत्रु अथवा मृत्यु घर में भी चन्द्रमा बैठा हो, तो भी वह चन्द्रमा पिता के समान बालक की रक्षा करता है। विवेचना में इस सूत्र का अवश्य ध्यान रखा जाता है।

चन्द्रमा के पक्ष बल का बड़ा महत्व है। शुभ ग्रहों की चन्द्रमा पर दृष्टि अथवा चन्द्रमा जिस भी राशि में हो (भले ही वो पाप ग्रह की राशि हो) उस राशि स्वामी से देखा जाता हो, या उससे युति करता हो, तो वह शुभ फल प्रदाता ही होता है अर्थात ऐसे में स्वास्थ्य परेशानियां भले ही हो जाएँ किन्तु बालक का अरिष्ट नहीं होता। यथा ......

"स्थितः शशि क्रूरखगस्य राशौ राशीश्वरणापि विलोकितस्य
तद्गर्गगोवा यदि तेन युक्तं कुर्यादिलम् मंगलमेव नान्यत "

बालारिष्ट की अवस्था में शीघ्र योग्य ब्राह्मणों द्वारा महामृत्यंजय का पाठ जातक के निमित करा लेना चाहिए। कुछ अन्य उपायों के रूप में माता की पहनी हुआ चांदी किसी भी प्रकार से बालक के शरीर के संपर्क में रखनी चाहिए। चन्द्रमा के लिए नानी द्वारा खीर बनाकर शिव को अर्पित करनी

चाहिए। इसके अलावा अन्य कई प्रकार की युतियां भी बालारिष्ट की श्रेणी में रखी जा सकती हैं।

सादर प्रणाम।

27. बुध, अस्थमा, तुलसी व चिकित्सा

बात करते हैं, उस ग्रह की जिस के बारे में ज्योतिष में सबसे कम जिक्र होता है। यानी की बुध। नाम के ही अनुसार बुध वाणी और बुद्धि का प्रतिनिधि ग्रह माना गया है। रोगों का इलाज भी बुध ही के पास होता है। बुध की तासीर गर्म होती है। यह सूर्य के सर्वाधिक नजदीक का ग्रह है। अतः सूर्य के प्रभाव में सबसे ज्यादा रहता है व जाहिर तौर पर सूर्य की गर्मी को सबसे ज्यादा सहन करता है। शरीर में श्वास का कारक बुध ही है। गुरु शरीर में प्राण डालता है, किन्तु उन प्राणों को चलाने वाली वायु का कारक बुध ही है। प्राण को जीवित रखना बुध ही का कार्य है। देखा होगा आपने की सूर्य की रौशनी में पौधों द्वारा अपना भोजन बनाने की प्रक्रिया के साथ-साथ हरे रंग के पौधे आक्सीजन पैदा करने का कार्य भी करते हैं। इस दौरान वो बुध ग्रह से प्राप्त रश्मियों को अपने पत्तों द्वारा सोख कर तने की सहायता से पौधे के अन्दर भेजते हैं। हरे रंग के पत्ते पौधे की त्वचा हैं। इसी प्रकार शरीर में त्वचा को बुध से जोड़ा जाता है। त्वचा से सम्बंधित सभी समस्याएं बुध से जुडी मानी जाती हैं। ध्यान दें की रात के समय पेड़ों के नीचे सोने से मना करने का अर्थ यही होता है की रात में पौधों को बुध की सहायता प्राप्त नहीं होती प्राण वायु बनाने हेतु। बुध की मिथुन राशि पर सूर्य के आते ही गर्मी अपने चरम पर पहुँच जाती है व सूर्य के चंद्रमा की जलीय राशि पर आते ही भरपूर बरसात होने लगती है (ऋतुओं का संवाहक सूर्य ही है) अपनी राशि पर प्रवेश कर सूर्य धरती में समा रहे जल को अपनी प्रचंड गर्मी से खराब कर उसमें विकृतियाँ पैदा करने लगता है। गौर करें की इन दिनों पानी से होने वाली बीमारियाँ बढ जाती हैं व सूर्य के फिर से बुध की कन्या राशि

पर आते- आते त्वचा से सम्बंधित रोगों में बेतहाशा वृधि हो जाती है।
बुध प्राण वायु का संवाहक है। इसी कारण अस्पतालों में आपरेशन आदि
के समय डाक्टरों द्वारा हरी चादरों, हरे मास्क आदि का उपयोग किया जाता
है। यहाँ वे जाने अनजाने बुध के प्रभाव को ही बढाने का प्रयत्न करते हैं
क्योंकि उनका मुख्य मकसद रोगी के प्राणों की रक्षा करना ही होता है। साथ
ही बुध चीजों को बैलेंस करने का कार्य करता है। किसी भी शल्य क्रिया
के दौरान मुख्य रूप से दो ग्रह ओपरेट करते हैं। एक उग्रता और जल्दबाजी
देने वाला रक्त का कारक मंगल व एक चीर-फाड़ का कारक शनि।
चिकित्सा में यदि मंगल अधिक प्रभावी हुआ तो चिकित्सक जल्दबाजी में
गलत निर्णय ले सकता है और यदि शनि प्रभावी हुआ तो आपरेशन में
जरूरत से ज्यादा समय लग सकता है, दोनों कारणों से रोगी की जान के
लाले पड़ सकते हैं, इस अवस्था को नियंत्रित करने के लिए हरे रंग की
वस्तुओं यानी बुध के प्रभाव को ही उपयोग में लाया जाता है। ध्यान दें की
लाल रंग में यदि काला मिला दिया जाये तो हरा रंग ही बनता है। बरसात
के मौसम में जब हरियाली अपने चरम पर आ जाती है तो बुध पूर्ण प्रभावी
होकर त्वचा से सम्बंधित रोगों को फैलाने लगता है। बुध जब भी वक्री
होता है अर्थात धरती के अधिक नजदीक होता है तो उस दौरान पैदा होने
वाले जातकों को सांस से सम्बंधित रोग जैसे अस्थमा आदि होने की
संभावनाएं बहुत ज्यादा होती हैं। त्वचा के रोग ऐसे लोगों को अधिक होते
हैं। बरसात के मौसम में जब चारों तरफ हरियाली ही हरियाली होती है तो
अस्थमा के रोगियों की समस्या बढ़ जाती है। जिस दिन भी दोपहर में बादल
लग जाते हैं तो बुध से आने वाली रश्मियाँ पूरी तरह से धरती पर नहीं पहुँच
पाती व पौधों द्वारा प्राणवायु के निर्माण में कमी आ जाती है। परिणामस्वरूप

रक्तचाप के मरीजों व अस्थमा के मरीजों की समस्या बढ़ जाती है उन्हें सांस लेने में दिक्कत होने लगती है। पौधों में सबसे ज्यादा पारा तुलसी के पौधे में पाया जाता है। इसी कारण बुध के दुष्प्रभाव को कम करने के लिए तुलसी की सेवा की जाती है। तुलसी के पौधे के संपर्क में आप जितना ज्यादा रहते हैं अस्थमा की समस्या में उतनी राहत पाते हैं। तुलसी की चाय पीने से सांस पर किसी भी प्रकार का अवरोध पैदा कर रहा कफ़ बलगम आदि तुरंत समाप्त हो जाता है। तुलसी का लेप सभी प्रकार की त्वचा की बीमारियों पर राहत पहुँचाने का काम करता है। इसलिए आमतौर पर आपने बुध की शांति हेतु पंडित जी को तुलसी पर जल चढाने की सलाह देते सुना होगा। वाणी पर नियंत्रण होने के कारण जब भी बुध दूषित होता है तो तोतलापन या किसी विशेष शब्द के उच्चारण में असुविधा जातक में देखी जा सकती है। तो देखा आपने जिस ग्रह को सबसे कम महत्ता प्राप्त है वो ही वास्तव में कितना महत्वपूर्ण है। शास्त्र बुध के प्रभाव को नियंत्रित करने के लिए हरी वस्तुओं का दान व पन्ना धारण करने की सलाह देता है। बुआ की सेवा करना भी बहुत लाभकारी माना गया है। जानवरों को हरा चारा, चिड़ियों को हरे मूंग की दाल आदि देने का चलन काफी पुराना है।

सादर प्रणाम।

28. ढोल गंवार शूद्र पशु नारी

अर्थ का अनर्थ होते आप सभी ने कई बार देखा होगा । देवनागरी लिपि अल्प विराम, विराम, हलन्त्, विसर्ग, मात्रा आदि के सहयोग से निर्मित है । जरा सी चूक अर्थ का अनर्थ करने में सक्षम है । रामचरितमानस के सुन्दर काण्ड अध्याय में प्रभु राम से दया व क्षमा की याचना करते हुए समुद्र द्वारा कही गयी बात का अर्थ कहाँ से कहाँ लगा लिया गया व इस कारण तुलसी जी को कहीं-कहीं कोप का भाजन भी बनना पड़ा है । पता नहीं किसी के द्वारा लिखने की त्रुटि कहें अथवा समझने की, किन्तु विवाद तो हुआ ही है, होता ही है।

पाठकों को ज्ञात होगा, सागर कहता है :-

"प्रभु भल कीन्ह मोहि सिख दीन्ही, मरजादा पुनि तुम्हरी कीन्ही,

ढोल गंवार शूद्र पशु नारी, सकल ताड़ना के अधिकारी "

विद्वान लोगों में यहाँ सदा से तारना - ताड़ना के प्रति मतभेद है। उस समय विशेष व समुद्र की मानसिक स्थिति की कल्पना कीजिये। राम शर संधान कर चुके हैं। समुद्र को भय होता है व वह राम की चिरौरी करता है, माफ़ी मांगता है, स्वयं पर दया याचना कर रहा है। ऐसे में ताड़ना शब्द अगर उसका मंतव्य होता तो उस हेतु तो राम पहले ही तैयार हो चुके थे।

समुद्र भयभीत होकर प्राणों की रक्षा मांग रहा है । वह स्वयं को तारने हेतु याचना कर रहा है । अपने को दीन साबित करना चाह रहा है।

अतः समुद्र कहता है कि प्रभु " मैं गंवार (कम जानकार) हूँ, मुझ पर दया कीजिये "। जिस प्रकार ढोल चमड़े का बना हुआ है किन्तु नमी के संपर्क

में आने से खराब हो जाता है । ढोल किसी की आजीविका का साधन है, किसी के मनोरंजन का साधन है । किन्तु अपनी अवस्था के कारण अपनी देख रेख स्वयं करने में असमर्थ है। अतः इसकी अनदेखी हितकर नहीं है। इस पर निरंतर दृष्टि बनाये रखना ही इसके लाभ प्राप्त करा सकता है। पाठक ध्यान दें की ताड़ना शब्द का अर्थ देखना भी होता है, निगाह रखना भी होता है । गंवार शब्द कमजोर मनुष्य के लिए प्रयुक्त होने वाला शब्द है, वो कमजोर है अतः दया का पात्र है। उस पर दृष्टि रखना आवश्यक है, अन्यथा वह अपने अधिकारों से वंचित रह सकता है । वह आप समर्थ लोगों की दृष्टि का पात्र है । शूद्र शब्द उस समय काल में सर्वाधिक परिश्रमी प्रजाति के लिए उपयोग होता था (बाद में इसका गलत अर्थ ले लिया गया)। खेतों में, पशुशालाओं में, कारखानों में निरंतर स्वयं को झोंक कर रखने वाले लोग शूद्र थे । समाज हित में वे निरंतर कार्य करते थे व इस कारण अपने लिए उनके पास समय नहीं होता था। उनके स्वास्थ्य की, उनके हितों की अनदेखी समाज के लिए घातक दुष्परिणाम प्रस्तुत कर सकती थी । अतः उनका ध्यान रखना, उन पर निगाह बनाये रखना आवश्यक था। पशु दूध देने वाले, चमड़ा देने वाले, ऊन देने वाले, खेतों में हल चलाने वाले, सामान व मनुष्य को परिवहन देने वाले जीव थे । घोड़े, हाथी, गायों आदि के बिना उस समय काल की कल्पना भी नहीं की जा सकती। अतः इनकी सेवा आवश्यक थी । ये स्वयं अपनी देखभाल करने में असमर्थ हैं । इस कारण इन पर निगाह बनाये रखना आवश्यक है। इसी प्रकार स्त्री को ईश्वर ने नैसर्गिक रूप से सेवा व त्याग के भाव से परिपूर्ण किया है । अपने घर में ही देखिये, माँ सबसे अंत में ही भोजन करती होगी। बहन खुद अपनी पढाई के साथ-साथ आपके वस्त्र व खाने के बर्तन भी धोती होगी, घर की सफाई भी उसी के जिम्मे होगी । धर्मपत्नी होगी तो स्वाभाविक रूप से ये सारे कार्य उसी के जिम्मे होंगे। नौकरी करे या न करे तब भी घर का खाना,आपके, बच्चों के कपडे, घर की सफाई सब उसी के जिम्मे होगी। आपको जरा सा जुकाम भी हो तो आप

आराम पर होंगे किन्तु वह बुखार से तप भी रही होगी तब भी आपको ऑफिस व बच्चों को स्कूल भेजना है। सर्दियों में जब आपकी हिम्मत रजाई से बाहर आने की नहीं हो रही होगी, माँ तब भी गाय का दूध दुहकर, दाना पानी कर आई होगी। अपने ठिठुरते हाथों की तरफ ध्यान देने की फुर्सत उस बेचारी के पास कहाँ है। आपके रुमाल तक को प्रेस कर आपके जेब में डालने वाली श्रीमती जी के पास अपने सबसे महंगे सूट को स्त्री करने का समय नहीं है। सुबह ८ बजे आपको नाश्ता परोस देने वाली स्वयं ११ बजे तक भूखी है, पता नहीं दवा खाई या नहीं। पता नहीं सिर दर्द कैसा है, किन्तु जब तक काम चल रहा है तब तक सब ठीक है, लेकिन अगर वो बिस्तर पर पड़ गयी तो फिर पता चलेगा, जब घर की व्यवस्था ही बिगड़ जाएगी। इसलिए उस पर ध्यान रखो। कहीं हमारी सेवा के चक्कर में स्वास्थ्य से तो लापरवाही नहीं कर रही है। इसीलिए वो अधिकारिणी है हमारे विशेष ध्यान की।

तुलसी को स्त्री विरोधी मानने वाले उनके द्वारा रचित सीता जी, मंदोदरी, कौशल्या, अहिल्या, सबरी आदि चरित्रों पर टिप्पणी को अनदेखा कर जाते हैं। त्रुटि किस स्तर पर हुई है हमें नहीं पता, किन्तु त्रुटि हुई है, हो रही है ज्ञात है। स्त्री सदा से आदरणीय है, शास्त्रों में उसे देवी कहा गया है। मानस बहुत बड़ा धर्मग्रन्थ है, हिन्दू धर्म की आत्मा है। इसकी लिखी प्रत्येक पंक्ति अपने आप में एक ग्रन्थ की रचना कर सकती है। इसकी एक चौपाई, एक पूरी सभ्यता को संचालित करने में सक्षम है।

सादर प्रणाम।

29. धनतेरस

दीपावली से दो दिन पूर्व अर्थात कार्तिक मास की त्रयोदशी को धन तेरस के रूप में मनाने की प्रथा सनातन धर्म में है। पूर्व काल में धन के इतर स्वास्थ्य को सबसे बड़ी पूंजी माना जाता था। उत्तम स्वास्थ्य ही सर्वोत्तम धन हुआ करता था। समय के साथ-साथ भौतिकता व बाजार वाद हावी होता गया व नगदी तथा विलासिता को महत्व दिया जाने लगा और यहीं से धनतेरस की पूजा का अर्थ व महत्व बदलता गया। इस प्रकार एक अति महत्वपूर्ण परंपरा व उत्सव काल की ही भेंट चढ़ गए। तथा उनका एक अन्य विकृत रूप सामने आया।

स्कन्द पुराण के अनुसार ये काल को जीतने का पर्व है। कार्तिक मास के कृष्ण पक्ष की त्रयोदशी को देवताओं के वैद्य धन्वन्तरि जी समुद्र मंथन के फल के रूप में हाथ में अमृत लिए प्रकट हुए। मंदराचल पर्वत पर बासुकी नाग की मथनी से देव दानवों ने मंथन किया जिसमें अमृत की प्राप्ति हुई। वो अमृत जो अकाल मृत्यु को टालने में पूर्णतः सक्षम था। अर्थात चिरंजीवी होने का वरदान देने वाला दिन। मानस चेतना में भाव यही रहता है कि आज खरीदी गई कोई भी वस्तु चिरकाल तक अमर रहेगी। आज हम लोगों को इस दिन नए वाहन -मकान -जेवर आदि खरीदते देखते हैं। वस्तुतः ये बाजार वाद की नई परिभाषाएं हैं जहाँ स्वास्थ्य को गौण कर दिया गया है व भोग विलास को ही महत्व प्राप्त हुआ है।

धनतेरस वास्तव में अपने व अपनों के लिए स्वास्थ्य खरीदने का दिन है। आरोग्य जमा करने का पर्व है, निरोगता पाने का उत्सव है। कन्या के चन्द्रमा इस दिन अपनी ऊर्जाओं में व्याप्त संजीवनी को अमृत को बुध के माध्यम

से प्रेषित करते हैं। बुध से बड़ा चिकित्सक कोई नहीं । इसी कारण संजीवनियों में नीम व तुलसी सर्वश्रेष्ठ हैं । इसी कारण नवजात बच्चे को किन्नर का स्तन पान करवाने की प्रथा कई जातियों में प्रचलित है । इसी कारण अस्पतालों में आप डाक्टरों को हरे मास्क पहने देखते हैं। हरी चादरें उपयोग करते देखते हैं। हरा रंग बुध है, हरा ही प्राण है, बुध ही अरोग्यता है, अतः बुध ही जीवन है।

इस दिन प्रातः स्नानादि कर दिन में व्रत करें। प्रदोष काल में यमराज व धन्वन्तरि जी का आह्वान कर दीप व नैवैद्य समर्पित करें ।

घर के मुख्य द्वार पर दीपक जलाएं व निम्नलिखित मन्त्र का जाप करें ।

मृत्युना पाशदण्डाभ्यां कालेन च मया सह।

त्रयोदश्यां दीपदानात् सूर्यजः प्रीयतामिति॥

इसके पश्चात अपामार्ग की लकड़ी (पत्तों सहित) परिवार जनो के सिर पर तीन बार घुमाकर तुलसी के पौधे के निकट रख दें व कभी समय मिलने पर जल प्रवाहित करें। अपामार्ग सिर से घुमाते समय निम्नलिखित मन्त्र का उच्चारण करें

"सीतलाश्त सीतलोष्टसमायुक्त सकण्ठकदलान्वित

हर पापमपामार्ग भ्राम्यमाणः पुनः पुनः "

प्रभु धन्वन्तरि सदा आपको व आपके प्रियजनों को स्वस्थ रखे व किसी भी अकाल दुर्घटना में आपके रक्षक हों । धनतेरस व दीपावली की अग्रिम शुभकामनाओं के साथ ।

सादर प्रणाम ।

30. राम

अलग-अलग पंथों के अनुयायियों द्वारा अपने-अपने आराध्य की महिमा के गुणगान में कई कथाओं, कई ग्रंथों कई चमत्कारों का उल्लेख किया जाता रहा है । कई आश्रमों, कई मठों, कई संस्थाओं का निर्माण भी भक्तों द्वारा किया जाता है और वास्तव जिनमें से कई के द्वारा जरुरतमंदों की कई प्रकार से सहायता -सेवा भी की जाती है । धर्म के प्रति लोगों की आस्था ही संसार को टिकाये रख पायी है । कई बार हृदय में ये सवाल कौंधता रहता है की कौन सा ईश्वर अधिक शक्तिमान है, किस के चमत्कारों के किस्से अधिक प्रभावी हैं और किस की शरण में जाकर समस्या का सही और तुरंत उपाय मिलना संभव है । कई बार चिंतन करने के बाद जो कुछ समझ में आता है वह यही की जैसा गुरुजन सदा से बताते आये हैं की प्रभु तो एक ही हैं, बस स्थान, भाषा, भौगोलिक परिस्थितियों के अनुसार उनके रूप एवं चमत्कारों में भिन्नता आती जाती है । जैसे अग्नि का एक रूप हमें चूल्हे में भोजन बनाते समय दिखता है तो एक रूप दावानल में । ईंट के भट्टों में भी अग्नि है व बिजली के अन्दर से भी निकलने वाली अग्नि है । ईंधन अग्नि का ही परिवर्तित रूप है व मोमबत्ती को गलाने वाली भी अग्नि ही है । इसी प्रकार ईश्वर अलग-अलग रूपों में है किन्तु उसका मूल एक ही तो है । जैसे माचिस की तीलियों में भी अग्नि का अंश मौजूद है और दूर कहीं जलने वाली कोयले की भट्टियों में भी अग्नि मौजूद है ठीक इसी प्रकार प्रभु भी एक साथ अलग-अलग रूपों में हर स्थान पर हैं । बस उनका रूप, उनकी शक्तियां, उनके द्वारा किये जाने वाली लीलाएं, उनके चमत्कार भिन्न हैं । इनमें कोई चमत्कार एक-दूसरे से छोटा या बड़ा नहीं है न ही कोई रूप किसी

से कमजोर या शक्तिमान। भगवान को छोटा बड़ा साबित करने की कोशिश करने वाले लोग तत्व-बोध को ना जानकर भ्रम में हो आसक्त हैं, अज्ञानी हैं। हिमालय से सटे प्रदेशों में हमें शिव के उपासक अधिक मिलते हैं। शिव की ही उपासनाएं व शिव के ही मंदिरों की बहुतायत यहाँ मिलती है। कारण इन प्रदेशों के लोगों का अधिकतर जीवनयापन पहाड़ों की कृपा पर ही निर्भर है। शिव का निवास पहाड़ों पर ही बताया गया है। अतः इन क्षेत्रों में शिव की आराधना का अर्थ अपरोक्ष रूप से प्रकृति के उस अंश को बचाना ही है जिस पर इनका जीवन टिका है। इनके जानवरों के लिए भोजन, इनके लिए ईंधन और लगभग हर वो वास्तु जिस पर इनका जीवन निर्भर है, वो पहाड़ों से ही प्राप्त है। सांकेतिक रूप से पहाड़ों की उपासना यानी शिव की उपासना ही जीवन को बचाए रखने के लिए सर्वप्रथम शर्त है। इसी प्रकार आप दक्षिण का रुख करें। शायद ही किसी को इस पर संदेह होगा की दक्षिण भारतीय लोगों के जीवन का मुख्य आधार समुद्र ही है। इसके बिना इनके जीवन की कल्पना करना ही असंभव है। यही कारण है की क्षीर सागर में शेषनाग की शय्या पर विराजमान विष्णु जी यहाँ सर्वत्र पूजित हैं। आशय यही रहा होगा की जितना तुम समुद्र का ध्यान रखोगे उतना वह तुम्हारी आजीविका का, तुम्हारी सम्पन्नता का ध्यान रखेगा। विष्णु के ही भिन्न-भिन्न अवतारों की उपासना यहाँ देखने को मिलती है।

राजस्थान गुजरात आदि प्रदेशों में धरती अधिकतर रेतीली होती है जिसमें बहुत अधिक फसल आदि नहीं उगाई जा सकती। वहां के लोगों का मुख्य आहार जीवन रस दूध व दूध से बने पदार्थ हैं। क्या हैरानी है की वहां गली-गली में बांसुरी बजाते कृष्ण मुरारी के मंदिर मिलते हैं। गैय्या के सेवा करोगे, दूध देने वाले जानवरों की सेवा करोगे तो अपनी और अपनी संतानों का

पालन पोषण ढंग से कर पाओगे । यही प्रकृति यही जरूरत कृष्ण को वहां पूजनीय बनाती है । बस भावों का अंतर है, कुदरत के लिए तो सभी देव बराबर है । ये तो हम अज्ञानी मनुष्य हैं जो ईश्वर को बड़ा छोटा कहते हैं । सदा से ही उत्तर भारत की धरती ने बाढ़ आदि के कारण अपने लोगों का पलायन रोजगार की तलाश में अन्य दिशाओं की ओर होते देखा है । यही लोग जब दक्षिण दिशा की ओर गए तो अनजान देश में अपने अस्तित्व की पहचान बचाए रखने के लिए विभिन्न भाषाओं में, विभिन्न देशों में, इन्हीं लोगों के द्वारा उत्तर के एक नायक अवध के श्री राम की दक्षिण के एक राजा पर विजय का किस्सा अत्यधिक लोकप्रिय हुआ । समय के साथ-साथ वहां के लोगों की श्रद्धा भी इस पर जगाने के लिए राम को विष्णु का अवतार मान लिया गया । अब कोई ताकत रामायण को भारत का सर्वाधिक विश्वसनीय व लोकप्रिय ग्रन्थ बनने से नहीं रोक सकती थी । अब अगर वहां की आबादी उस राजा की पक्षधर होती तो कथाओं में उस राजा को शिव का अनन्य भक्त बता दिया गया । वो शिव जो वहां से सुदूर उत्तर दिशा में ही अधिक लोकप्रिय थे । अब उनका बोलबाला दक्षिण में भी हो गया । उत्तर के लोगों का प्रतिनिधि किन्तु दक्षिण के लोगों के आराध्य विष्णु के अवतार श्री राम के किस्से बाली, सुमात्रा, जावा, मालद्विप आदि कई देशों में कई रूपों में समान रूप से प्रिय हैं । बाद में अपने आराध्य के प्रति अपनी भावना के तहत शिव के उपासकों ने राम को रामेश्वरम में शिव की उपासना कर ज्योतिर्लिंग की स्थापना करते हुए दर्शा दिया, तो विष्णु के उपासकों ने राम के परम भक्त व सदा उनके चरणों में विराजने वाले हनुमान जी को शिव का अवतार बताया । किन्तु इस एक अकेले चरित्र जिसने की समान रूप से सर्वदा भिन्न संस्कृतियों को, दो भिन्न दिशाओं को जिस मजबूती से एक

सूत्र में पिरोया, उतना कोई अन्य पौराणिक चरित्र नहीं कर पाया। यही कारण है की राम समान रूप से सबके हैं। सभी के आराध्य व सभी के प्रिय हैं। ईश्वर की महिमा को कम ज्यादा कर के आंकने की कोशिश हमें उस मार्ग से दूर कर देती है जिस पर चलकर हम परमात्मा के प्रिय बनते हैं। धर्म के प्रति समान आस्था और सभी की आस्थाओं के प्रतीकों को समान मानने की भावनाओं के कारण ही धर्म रंग, भाषा, भौगोलिक परिस्थितियों की इतनी असमानता होते हुए भी आज हम एकता के तौर पर दुनिया के लिए एक मिसाल हैं। यही कारण है की हमारी ही भूमि से निकले बौद्ध धर्म का आज सुदूर उत्तर के देशों में अनुसरण किया जाता है। यही कारण है की अपने को हम से श्रेष्ठ कहने वाले आज यहाँ आकर राम और कृष्ण के रंगों में ढले मिलते हैं। हजारों सालों से बाहरी ताकतों द्वारा हमारा शोषण करने, हमें मिटा देने की कोई कसर नहीं छोड़ी गयी। अपने देवताओं पर अखंड विश्वास की शक्तियों ने हमारे अस्तित्व को बचाए रखा।

सादर प्रणाम।

31. सीता

हनुमान की आंखें मानो उस समुद्र को अपने भीतर समेट बैठी हैं, जिस समुद्र का सीना लांघ माँ सीता के सर्वप्रथम दर्शन का सौभाग्य पाया था।

वो समुद्र आज हनुमान के नियंत्रण से बाहर हो, अश्रु के रूप में विद्रोह करने पर उतारू है।

विभीषण, सुग्रीव, अंगद, जामवंत, मंदोदरी आदि सभी हतप्रभ हैं। राम अचानक ये कैसा आदेश दे बैठे हैं। राम को जिसने भी निकट से जाना है, जिसने उनके व्यक्तित्व की गहराई को बिना किसी तर्क वितर्क के आत्मसात किया है, वो हर भक्त जानता है कि राम ने कभी धर्म की सीमाओं का अतिक्रमण नहीं किया है। अंतर्मुखी स्वभाव राम का अवश्य है, किन्तु अपने सिद्धांतों पर उन्हें किसी प्रकार का संशय नहीं है। ब्रह्मांड अपने नियम से विरुद्ध चल सकता है, सूर्य की गणनाओं में भेद हो सकता है, अग्नि अपना स्वभाव त्याग सकती है, चंद्र अपने सिद्धांतों को भूलकर लक्ष्यहीन हो सकता है, किन्तु राम के मुखारवृन्द से निकला वाक्य कदापि धर्म विरुद्ध नहीं हो सकता। नहीं कदापि नहीं, राम का पर्यायवाची ही धर्म का श्रेष्ठ आचरण है। राम हैं तो धर्म है। राम धर्म को धारण नहीं करते, अपितु धर्म राम को धारण करता है। अतः चूक होने की तो संभावना ही नहीं।

बचपन में अन्य बहुत से भक्तजनों की मानिंद जब राम द्वारा भगवती सीता को अग्नि परीक्षा का आदेश मिलता है, तो मेरा हृदय अपनी गति का उल्लंघन करने लगता था। नहीं नहीं, तुम ये आदेश कैसे दे सकते हो प्रभु। तुम केकैयी के एक आदेश पर अयोध्या के राजसिंहासन को ठोकर मार सकते हो। तुम सबरी के जूठे बेर सआनंद खा लेते हो। तुम माँ अहिल्या के

अधिकार के लिए इंद्र की सत्ता को चुनौती देने का साहस रखते हो । तुम सीता के लिए रूपवती शूपर्णखा को ठुकरा सकते हो । तुम माँ सीता की अग्नि परीक्षा की बात भी भला हृदय में कैसे ला सकते हो । कहीं लेखनी में तो ही त्रुटि नहीं हो गई लेखक के । राम ऐसा नहीं कर सकते और मेरे राम तो स्वप्न में भी ऐसी अनहोनी नहीं सोच सकते, पर तुम दे रहे हो आदेश सीता की अग्निपरीक्षा की ।

कथा पंडालों में, मित्रों के मध्य, मेरे पाठकों के द्वारा जब भी ये प्रश्न मुझसे किया गया, ये प्रश्न मुझे कभी रुचिकर नहीं लगा । ये मेरे राम की चारित्रिक विशेषताओं पर प्रश्न चिन्ह लगाता है । ये प्रश्न राम का व्यक्तित्व श्रेष्ठतम होने में अवरोध उत्पन्न करता है । ये सदा से ऐसा विषय रहा जिसपर मैं मनन करता रहा, किन्तु ये विश्वास सदा कायम रहा है कि राम कभी गलत नहीं हो सकते ।

रात्रि शयन के पश्चात सुबह की वो बेला जब नींद अपने चरम पर होती है, जब मन सर्वाधिक शांत होता है, जब अरुण देव् अपने रथ के साथ सूर्यदेव के प्रांगण में उनके प्रस्थान के लिए खड़े हैं । तुम अचानक साक्षात मेरे नेत्रों में विराजमान हो गए राम । ये स्वप्न है या कुछ और तुम कोई भी लीला रचने में सक्षम हो स्वामी । पर मेरा बाल हृदय आज किसी नई लीला का साक्षी होने का अभिलाषी नहीं राम, बस मेरी शंका का समाधान करो मेरे आराध्य । मन्दबुद्धि लोग तुम्हारे चरित्र पर संशय करते हैं मेरे प्रभु मैं उनके संदेह का निवारण नहीं कर पाता स्वामी ।

तुमने अग्निपरीक्षा का आदेश क्यों दिया राम । क्या वास्तव में तुम्हें माँ के चरित्र पर संदेह हुआ । तुम्हें भगवती पर संदेह हुआ । जगतमाता को रावण

दूषित कर सका होगा। ऐसा भ्रम स्वप्न में भी तुम्हें नहीं रहा होगा, ऐसा मेरा मन जानता है, फिर अग्निपरीक्षा क्यों रघुवीर।

राम के अधरों पर वही मंद स्मित है, जो उनकी सबसे निकट सहयोगिनी है। वही मुस्कुराहट, जिसे देखकर भक्त अपना सब दर्द भूल स्वयं को राम के चरणों में समर्पित कर देता है। विरोध कभी भी तो नहीं किया तुमने। हर आरोप हर छल को यूं ही मुसकुरा कर ग्रहण कर लेते हो तुम सदा।

विरोध करना अथवा स्वयं के कर्मों को परिभाषित करना, तुम्हारा स्वभाव कभी भी तो नहीं रहा, किन्तु तुम्हारी मुस्कान का भेद जानने वाला अपने समस्त प्रश्नों का उत्तर स्वयं वहां पा लेता है। तुम मुसकुरा रहे हो, पूरब की लालिमा, सूर्यदेव के आगमन की घोषणा को आतुर है। अचानक पक्षियों का गूंजता कलरव मेरी तंद्रा तोड़ता है, तुम वही मुस्कान अधरों पर धरे विदा लेते हो। सूर्यदेव के आगे चलने वाली किरणों ने रात्रि के तिमिर के साम्राज्य को छिन्न भिन्न कर दिया है। जनमानस के लिए नई आशाओं के सवेरे का उपहार लिए आकाश में सूर्यदेव का आगमन हो रहा है। मेरे मानस पटल पर चढ़ा अंधकार भी धीरे-धीरे विलुप्त हो रहा है। संशय की चादर, मेरे विवेक का त्याग कर रही है और मेरे आराध्य राम का नाम मेरे सर्वस्व को अपने आगोश में ले रहा है। तुम्हारी मुस्कुराहट ने मुझे मेरे प्रश्न का उत्तर दे दिया प्रभु। मुझे क्षमा कर देना प्रभु।

राम स्वयं श्रेष्ठ आर्य समाज के प्रतिनिधि हैं। उनका कुल, उनका वंश सदा से धर्म आचरण में अग्रणी रहा है, किन्तु इतिहास साक्षी है, सभ्य अथवा दुर्दांत कोई भी समुदाय रहा हो स्त्रियों को समाज की सबसे कमजोर कड़ी के रूप में माना जाता रहा गया है। वानरराज बाली को अपनी शक्ति दिखानी

है तो अनुज सुग्रीव की स्त्री रुकमा को जबरन हासिल कर लिया। लंकेश को अपने अपमान का परिमार्जन सीता में ही दिखाई दे रहा है। कालांतर में पांडवों से अपने द्रोह की शांति, दुर्योधन भरी सभा में पांचाली को निर्वस्त्र करके करना चाहता है। ब्रह्मांड ऐसे सैकड़ों उदाहरणों से भरा पड़ा है, जब स्त्री मात्र आपकी मिथ्या जिजीविषा को संतुष्ट करने का साधन मानी गई है। स्त्री आपका सम्मान है, आपकी शक्ति की संकेतक है। आपकी सनक को भुनाने के लिए सर्वाधिक सहज हासिल साधन नहीं है।

किन्तु तुम तो राम हो न, स्त्री तुम्हारे लिए इन सब वर्जनाओं से ऊपर एक स्वतंत्र व्यक्तित्व है, जिसकी अपनी स्वतंत्र विचारधारा है, स्वतंत्र इच्छा शक्ति है। आप जबरन स्त्री के देह को प्राप्त तो कर सकते हैं, किन्तु उसकी देह को दूषित नहीं कर सकते। आपका कुत्सित प्रयास उसके हृदय को प्रभावित नहीं कर सकता। उसके हृदय की वो अग्नि जो इस संसार को गतिमान किये हुए हैं, किसी भी पुरुष की पहुंच उस पवित्र अग्नि तक नहीं हो सकती। इंद्र तुम माँ अहिल्या के विश्वास को खंडित तो कर पाए, किन्तु उनके सतीत्व को खंडित करना तुम्हारे सामर्थ्य में नहीं था। उनकी पवित्रता की सौगंध कालांतर में समस्त ब्रह्मांड में ली जाती रही हैं।

युद्ध समाप्त हो चुका है, विभीषण का लंका के सिंहासन पर राज्याभिषेक हो चुका है। अभी विभीषण को जीवनपर्यन्त रावण की स्त्री मंदोदरी के साथ निर्वाह करना है। क्या विभीषण मंदोदरी को वही सम्मान प्रदान कर पायेगा जिसकी वो अधिकारिणी है। संशय के बादल मंदोदरी के नेत्रों में विचरते राम स्पष्ट देख चुके हैं। कितना विस्मय है कि यही बादल कुछ समय पूर्व रुकमा की आंखों में भी राम ने देखे हैं, जब बाली वध के पश्चात सुग्रीव अपनी स्त्री को प्राप्त कर रहा है तो स्वयं सुग्रीव के मन में असमंजस स्पष्ट

दृष्टिगोचर है । अभी लंका पर चढ़ाई हेतु समय बाकी है, किन्तु इस समय काल में सुग्रीव एक बार भी रुकमा को उस पवित्रता से नहीं जोड़ सका, जिस सम्मान से बाली हरण से पूर्व वह अपनी स्त्री को हृदय से लगाता रहा है । पुरुष सदा से स्त्री को उसकी शक्ति नहीं अपितु सहनशक्ति के कारण प्रताड़ित करता आया है । किष्किंधा का आदिवासी समाज भी अब अपनी रानी रुकमा के प्रति स्वयं को आश्वस्त नहीं कर पा रहा है । कितनी निरीह दृष्टि से रुकमा ने राम की ओर ताका था । तुमने तो अहिल्या को तार दिया रघुकुल भानु । मेरी अवस्था की ओर दृष्टि नहीं जा रही आपकी भगवन, मेरी सुध कब लोगे रघुपति । आज वही प्रश्न मंदोदरी की आंखों में उमड़ता देख रहे हैं राम ।

पता नहीं राम के अयोध्या लौटते ही वनों में रहने वाले ये नर(वानर) और अपनी विलासिता के लिए प्रसिद्ध ये असुर समाज रुकमा और मंदोदरी के साथ कैसा व्यवहार करेंगे, नहीं, कुछ तो किया जाना आवश्यक है । राम को यहां एक संकेत समाज के लिए देना ही होगा । जानते हैं भगवान कि समाज उनके इस निर्णय के पीछे की भावना से परिचित नहीं हो पायेगा । इतिहास के कई ग्रंथ उनके इस निर्णय पर प्रश्न चिन्ह लगाएंगे । अनेकों लोग उन्हें स्त्री विरोधी घोषित करेंगे, किन्तु इस समय धर्म राम से इस निर्णय की मांग कर रहा है ।

सीता इसका क्या अर्थ लगाएंगी भला, सीता का स्मरण होते ही पहाड़ का सा वजनी निर्णय, राम के लिए पुष्प के समान भारहीन हो गया । सीता राम की अर्धांगिनी हैं । एक ही प्राणवायु दोनों के हृदय में स्पंदन उत्पन्न करती है। राम कभी सीता से इतर कुछ कहाँ सोच पाए हैं, तो क्या आज राम के

इस निर्णय की वास्तविकता से सीता स्वयं परिचित नहीं होंगी। नहीं नहीं, सीता की ओर से राम को कोई समस्या नहीं है। वो देह अवश्य सीता कहलाती होगी, किन्तु उस देह में जो प्राण है वो राम हैं। सीता ही राम है, राम ही तो सीता हैं। अग्निपरीक्षा सीता की नहीं अपितु राम की है। आज राम का यह निर्णय इतिहास में स्त्रियों को सदा के लिए देवी तुल्य घोषित करेगा। आज राम स्थापित कर देंगे कि स्त्री मात्र देह नहीं होती। उस देह के भीतर वास्तविक स्त्री होती है। समाज स्त्री की देह का स्पर्श कर सकता है, उस दिव्यता का नहीं जो जननी का आधार है। जिस दिव्यता के प्रताप से पानी की एक बूंद संतान का रूप प्राप्त कर लेती है। वो दिव्यता जो आदिकाल से इस ब्रह्मांड का संचालन करती आई है, नहीं भगवती सीता, आज तुम्हें सदा की भांति मेरे धर्म में सहभागिनी बनना है।

संसार को संचालित करने वाले राम आज एक आदेश के द्वारा स्त्री की पवित्रता को तय करने वाला एक मापदंड निर्धारित करने का निर्णय ले चुके हैं। एक सूत्र जो कलुषित विचारधारा के पुरुषों के लिए एक आदेश होगा, जो मापदंड युगों तक स्त्री को पवित्र घोषित करेगा। वो मापदंड जो तय करेगा कि स्त्री की पवित्रता को तय करने का कोई मापदंड नहीं हो सकता। वो सूत्र जो आदेश करेगा कि स्त्री की पवित्रता, पुरुष की स्वयं की पवित्रता पर निर्भर करती है। अपवित्र पुरुष को ही स्त्री अपवित्र ज्ञात होती है। प्राणों में पवित्रता रखने वाला पुरुष उसे हर अवस्था में देवी के रूप में देखता है। अतः देह तो मात्र रूपक है स्त्री की विचारधारा का।

अग्निदेव ने आगे बढ़कर सीता के चरणों को स्पर्श किया। भगवती मैं कृतार्थ हुआ। तुमने पुत्र को माँ की मर्यादा मापने का भार दिया। अपने सर्वश्रेष्ठ रूप में अग्नि ने स्वयं को प्रस्तुत किया। वो संहारक नहीं, अपितु

पालक है। हर प्राण में अग्नि ही जीव के जीवित होने का प्रमाण है। पवन पुत्र के आग्रह पर जब अग्निदेव ने लंका में अपना प्रचंड रूप प्रदर्शित किया था। तब बहुत इच्छा के बाद भी माँ सीता के चरणों का स्पर्श अग्निदेव नहीं कर पाए। आज सौभाग्य स्वयं मानो द्वार पर चला आया है, आह मेरे भाग्य, तूने मेरा होना सार्थक किया। भगवती ने अग्नि में प्रवेश किया। इतनी ही सहजता से जितना एक माँ अपने पुत्र के घर मे प्रवेश करती है। इतने ही अधिकार से जितना अधिकार एक माँ को अपनी संतान के वर्चस्व पर होता है, एक सुपुत्र की भांति अग्नि मानो आज सर्वस्व लुटाने को उत्सुक है। माँ के आगमन पर, माँ के आंचल में ज्यों पुत्र खुशी से मचलता है, उसी भाव ने अग्नि को मानो आज स्वयं को प्रकट करने की स्वतंत्रता दे दी। चंद लकड़ियों का ढेर सहज ही विकराल रूप में प्रज्वलित हो गया। लंका वासियों ने अग्नि को संहारक के रूप में ही देखा था। वानर तो खैर सदा से अग्नि से भयभीत होते आये हैं। चंद लकड़ी के टुकड़ों में सवार अग्नि ने ब्रह्मांड के दूसरे छोर का स्पर्श किया। आज मानो बालक माँ का आँचल त्यागने को तैयार ही नहीं। सीता नजरों से ओझल हैं। सामने है तो मात्र स्वर्ग के द्वार तक को अपने लड़कपन से भयभीत करते अग्निदेव। सीता अग्नि में प्रवेश अवश्य कर गयी हैं, किन्तु देह का ताप मंदोदरी को बढ़ता महसूस हुआ। यहां से कोसों दूर किष्किंधा में मानो रुकमा ने स्वयं को ताप से घिरा पाया। अग्नि के लपटें मानो किष्किंधा के राजमहल को आज रुकमा की पवित्रता का संदेश देने को आतुर हैं। महल वासियों ने स्वयं को भट्टी में तपता पाया। किष्किंधा के राजमहल में इस ताप से हाहाकार मच गया, किन्तु कितना आश्चर्य कि जहां देवी रुकमा हैं। वहां इस ताप का अब कोई असर नहीं। रुकमा ने भावुक होकर अपने दोनों हाथ अपने माथे से लगा

लिए । प्रभु तुमने मेरी मूक प्रार्थना सुन ली न, अविरल अश्रुओं में मानो किष्किंधा के राजमहल के समस्त ताप को निस्तारित कर दिया हो । सीता अग्नि से बाहर कदम रखती हैं । आकाश से देवताओं ने मंदोदरी के चेहरे पर आए गर्व को स्पष्ट देखा । वो त्रिलोक विजयी रावण की अर्धांगिनी है । उस त्रिलोक विजयी को मोक्ष देने वाले विष्णु के अवतार ने लंका सहित समस्त ब्रह्मांड को मंदोदरी के स्वतंत्र होने का आदेश पारित कर दिया है । अब कोई मंदोदरी को उसकी इच्छा के विरुद्ध मजबूर नहीं कर सकता । स्त्री के मन की शक्ति ही उसकी पवित्रता है ।

सुग्रीव ने स्वयं को मानो बहुत तुच्छ महसूस किया । जब से बाली की कैद से रुकमा को स्वतंत्र किया था, तब से एक बार भी सुग्रीव का मन रुकमा को उसका पुराना मान सम्मान नहीं लौटा पाया था । उसकी देह ही सुग्रीव को दिखाई देती थी, उसके मन की पवित्रता से सुग्रीव आज तक अनभिज्ञ था । किन्तु राम ने सीता को अग्नि प्रवेश करा, विश्व को ये संदेश दे दिया कि स्त्री को कभी उसकी शारीरिक अवस्था से न देखा जाये । स्त्री जननी है, वो उस अग्नि की भांति है, जिसके प्रभाव में आते ही समस्त पाप स्वयं होम हो जाते हैं, किन्तु अग्नि का कोई अहित नहीं कर सकता । ये वो गंगा है जो सदियों से पुरुष के प्रत्येक भाव को, एक माँ की भांति अपने अंदर पालती रही है । ये हमें जीवन देने वाली वो देह है जिसका विस्तार अग्नि की भांति धरती से आकाश तक है ।

राम सीता को हृदय से लगाते हैं । तुमने मेरे धर्म की लाज रख ली जनक सुता, मुझे किंचित भी खेद नहीं कि मेरे इस आदेश को इतिहास में सदा मेरे विरुद्ध माना जायेगा । किन्तु तुम तो उस आस्था से परिचित हो न जो इस निर्णय के मूल में है । अब वानर समाज रुकमा को हेय दृष्टि से नहीं देखेगा ।

अब राक्षस समाज मंदोदरी के सम्मान को ठेस नहीं लगाएगा। अब युद्ध में विधवा हुई स्त्रियों को पुनः अपना नया जीवन अपनी इच्छा से अपना मान सम्मान बरकरार रख जीने की स्वतंत्रता होगी। उनकी देह उनके चरित्र की व्याख्या नहीं होगी। स्वयं के चरित्र पर संदेह की कालिमा उत्पन्न हो रही है, ये जानकर भी राम धर्म निर्वाह में नहीं चूक नहीं कर सकते। तुम पुरुषोत्तम हो प्रभु, पुरुषों में सबसे उत्तम।

सादर प्रणाम।

32. अहिल्या

जनकपुरी में हो रहे सीता स्वयंवर में प्रभु राम -लक्ष्मण को ले जा रहे गुरु विश्वामित्र जी, गौतम ऋषि द्वारा त्यागे गए आश्रम में, जहाँ कि माता अहिल्या जी पाषाण शिला के रूप में शापित हो विराजमान हैं, से उनका परिचय करा रहे हैं। पंक्तियाँ अपने भेद को स्वयं उजागर कर उस प्रसंग विशेष का महत्व सामने ला रही हैं ।

"हे राम सुनो ये अहिल्या हैं, ऋषिवर गौतम की गृह नारी,

नीरव निश्चल निष्प्राण पड़ी, पति से शापित हो बेचारी

धर के गौतम का रूप अहिल्या से किया इंद्र ने छल भारी,

तुम रखो शिला पर पद पंकज, है जिनकी धूल चमत्कारी

जन्मों से संचित पुण्य से संजोग ये अद्भुत मिला,

श्री राम प्रभु के चरण से तर गयी शापित शिला

वरदान बन गया पति से पाया, शाप आज उसके लिए,

जप तप से जो दुर्लभ हैं उन रघुनाथ के दर्शन मिले" ।

अपने समस्त जीवन के पुण्य व जप तप के बाद भी ऋषि गौतम जो सौभाग्य प्राप्त नहीं कर सके,अपनी पवित्रता व पतिव्रत के कारण अहिल्या ने वो सहज ही हासिल कर लिया। उनके धर्म से प्रभावित हो ऋषि ने अपने समस्त पुण्य को भोगने का भाग्य अपनी धर्मपत्नी अहिल्या को प्रदान कर दिया। देवताओं के लिए भी जो दुर्लभ हैं, वो विष्णु के अवतार स्वयं आकर अहिल्या को स्वर्ग प्रदान कर रहे हैं । वाह रे भाग्य, तभी तो कहा गया है-

"अहिल्या बड़े भाग तिहारे हैं, तेरे घर राम पधारे हैं,

जो रघुवर तक पहुँच न पाते, उनसे मिलने स्वयं प्रभु आते,

जो तोहे तारे हैं, वो जग के तारणहारे हैं

अहिल्या बड़े भाग तिहारे हैं "

सादर प्रणाम।

33. जटायु: अंतिम उड़ान

आंखों के किनारों पर सिमटते अंधेरे ने आभास दिया कि ये जीवन की अंतिम सांझ बेला है। अब संभवतः अपने पित्रों के सम्मुख जाने का समय नजदीक है। किन्तु एक कसक रह जायेगी। अपनी अंतिम यात्रा वो उस सम्मान के साथ पूर्ण नहीं कर सका, जिस सम्मान का वाहक सदा से उसका कुल रहा है। निरंतर मंद होती स्वास की गति अब मानो निर्वाण यात्रा को कूच करने का स्मरण बार-बार करा रही है। अपने कुल को कलंक लगा गया मैं। अपना कर्तव्य नहीं निभा सका, क्या अब कभी इतिहास में उसका वंश सम्मान का भागी नहीं रहेगा, पूर्वजों की ख्याति क्या उसके इस असफल प्रयास से धूमिल हो जाएगी।

भाग्य की विडंबना रही है कि अपनी मुख्य उड़ानों में वो हर बार असफल ही रहा है। वर्षों पहले सूर्य तक पहुंचने की उसकी जिद का हश्र अंत में उसके ज्येष्ठ भ्राता सम्पाती के पंख जलकर पूर्ण हुआ। अपने अनुज के प्राणों की रक्षा के लिए सम्पाती ने उसे सूर्य के प्रचंड ताप से बचाने हेतु अपने पंखों में छिपा लिया। उसके प्राण तो बच गए पर भाई पंख विहीन हो गया। अनुज को पश्चाताप करते देख सम्पाती ने उसके सिर पर हाथ फेरते हुए कितने स्नेह से कहा था कि अब तू ही मेरी उड़ान है। कालांतर में तेरा ही प्रयास मुझे विष्णु के कार्य का भागी बना मोक्ष प्रदान करेगा। बड़ा भाई अभी भी समुद्र के किनारे कंदराओं में मोक्ष की राह ताकता होगा। अपने छोटे भ्राता पर उसका अखंड विश्वास रहा है। जाते समय राम भी कितने विश्वास से सीता का चौकसी करने का भार उसके ऊपर डाल गए थे। नहीं, नहीं, वो यूं सबके विश्वास का हनन कदापि नहीं कर सकता। वो अपने ज्येष्ठ के बलिदान को

यूं निरर्थक नहीं बना सकता। अभी भाई जीवित है इसका सीधा अर्थ है कि अभी अंतिम उड़ान बाकी है। नहीं अभी मेरे प्राण नहीं निकल सकते। अभी कर्तव्य का निर्वाह होना शेष है। अपने कुल के मान को अपने बूढे पंखों पर अपनी अंतिम सांस तक ढोना है और अभी प्राण शेष हैं गिद्ध ने प्राण देना सीखा है, सम्मान देना नहीं। कर्तव्य के भान ने मानो जटायु के शरीर में चेतना का संचार किया। कालांतर में जितना बल बाहुबलियों ने अंगद के पैर को डिगाने के प्रयास में लगाया होगा, उससे सहस्र कोटि अधिक बल जटायु को अपने नेत्र खोलने में लगाना पड़ा। पलकों के कोने से आते प्रकाश ने, विचारों को अधिक जागृत किया। हे प्रभु, पता नहीं अभी कितने पल बीत गए जटायु को चेतनाहीन हुए, किस दिशा में वो असुर भगवती सीता को ले गया। कुछ ज्ञात नहीं। दाहिने पंख में हुए घातक वार ने जटायु को क्षण भर के लिए चेतना शून्य किया ही था कि सीने के ठीक मध्य में रावण की कटार का गहरा वार मानो प्राणों का अंत ही कर गया था। सीता भय से चीखती होंगी। जटायु को धरती पर गिरते-गिरते भगवती सीता की अंतिम चीख मानो पुनः स्मरण हो आई। सीता के श्वसुर दशरथ जटायु के परम मित्रों में रहे हैं। इसी कारण सीता सदा उन्हें पिता तुल्य सम्मान देती आई हैं। आज पुत्री विपदा में है और जटायु को प्राणों का मोह हो रहा है, धिक्कार है इस जीवन पर। आत्मसम्मान ने आगे बढ़कर मानो प्राणों पर थूका हो। नहीं-नहीं, प्राणों का मोह नहीं, जटायु की आत्मा त्राहि कर उठी। प्राणों का मोह जटायु को कभी नहीं रहा। ये यम की फांस है जो निरंतर उसे जकड़ती जा रही है, किन्तु अभी बहुत से दायित्वों का निर्वाह बाकी है, यम के रथ को रुकना ही होगा। गिद्ध ने अपनी समस्त इच्छाशक्ति को अपने पंखों पर हस्तांतरित किया। अभी अंतिम उड़ान शेष थी। वो उड़ान शेष

थी, जो इतिहास में जटायु का नाम स्वर्ण अक्षरों में अंकित करने वाली थी। वो उड़ान शेष थी जो भाई सम्पाती को राम कार्य का भागीदार बना, मोक्ष का अधिकारी बनाने वाली थी । अभी कुल का सम्मान शेष था, अभी जटायु शेष था । एक झटके के साथ गिद्ध ने अपने घायल वृद्ध शरीर को हरकत में पाया, पंखों ने मानो फड़फड़ाकर अपने अस्तित्व के अंतिम युद्ध हेतु हुंकार भरी । जटायु ने धरती का स्पर्श कर प्रण लिया, "हे वसुन्धरे, अब यदि तुम्हारी पुत्री को साथ ला पाया तो ही जीवित अवस्था में तुम्हारा स्पर्श करूँ, अन्यथा मेरी देह सदा तुम्हारी ऋणी रहेगी.."

किस ओर गया होगा पापी । गिद्ध की उड़ान में एक कमी सदा रही है कि काग की भांति वो तीव्रता से नहीं उड़ सकता, किन्तु उड़ान में ऊंचाइयों को प्राप्त करने में गिद्ध दक्ष है । ब्रह्मांड में कोई भी जटायु के समान आकाश का स्पर्श नहीं कर सकता । वृद्ध व घायल देह से यह कठिन अवश्य प्रतीत होता है, किन्तु ऊंचाइयों का कोई भी लक्ष्य गिद्ध के लिए असंभव नहीं । बचपन में वो सूर्य की परिधि को छूने हेतु सूर्य की कक्षा में तक प्रवेश कर चुका है, वो सूर्य देव के सारथी अरुण का पुत्र है । वह विष्णु के वाहन महान गरुड़ देव की कुल परंपरा का ध्वज वाहक है ।

अपने समस्त कौशल, बल, स्वाभिमान का परिचय संसार को देने का आज अंतिम अवसर है । जटायु ने ऊर्ध्वगामी उड़ान के लिए पंखों को शरीर के निकट खींचा । गिद्ध ने अपने सर्वोत्तम हुनर का परिचय दिया। हां, यहां इतनी ऊंचाई से अब चारों दिशाओं पर दृष्टि पहुंचती है । गिद्ध को दूर दृष्टि हासिल है । बहुत दूर की वस्तु भी गिद्ध बड़ी आसानी से सहज देख सकता है । नहीं, दूर दूर तक कुछ नहीं है । क्या मुझे आने में विलंब हो गया, रावण मेरी पहुंच से दूर चला गया । अचानक दृष्टि दक्षिण की ओर टिकती है ।

दक्षिण में पचास योजन की दूरी पर आकाश में एक बिंदु दिखाई देता है। हां, वो रहा कुकर्मी, वो रही सीता। गिद्ध ने अपने समस्त बल को अपने पंखों पर नियंत्रित किया और दक्षिण में गोता खाया।

तेजी से जटायु रावण की दिशा में बढ़ा। गिद्ध लंबी उड़ान के पक्षी हैं, सहस्त्र योजन की यात्रा वो बेहिचक कर सकते हैं, किंतु अन्य पक्षियों की भांति अचानक से गति बढ़ाना गिद्ध के लिए कठिन है। मुख से सफेद फेन निकलने लगा वृद्ध जटायु के, गला सूखने से कंठ भी अवरुद्ध हुआ जाता है, किन्तु तेज और तेज। दृष्टि धुँधलाने सी लगी है, नहीं नहीं आयु दोष के कारण नहीं, गिद्ध दृष्टि कभी आयु की मोहताज नहीं रही। अपनी असफलता के भय से निरीह पक्षी की आंखें, आंसुओं से लबरेज, जटायु की दृष्टि को बाधित कर रहा है। हालात जब भी नियंत्रण से बाहर जाने लगते हैं, आंखें सदैव से इसकी सर्वप्रथम सूचक होती हैं।

अचानक रावण को अपने सिर पर किसी परछाई का आभास हुआ, जटायु के रूप में लंकेश ने यम को साक्षात अपने निकट पाया। विस्मय से रावण की आंखें फटी रह गईं। जिसे मृत समझ पीछे छोड़ आया था वो यूं काल का दूत बना सिर पर कैसे खड़ा है, ये विश्वास से परे है।

तीन नाखूनों को अपनी आंख के निकट भीतर तक धंसता हुआ रावण ने स्पष्ट महसूस किया। सीता यान में बेसुध पड़ी हैं। जटायु अब किसी कीमत पर रावण को आगे बढ़ने नहीं देगा। यान के बाहरी पंख पर जटायु ने वज्र प्रहार किया यान बायीं ओर झुका। जटायु का शरीर निरंतर बहते रक्त के कारण अब कमजोर पड़ने लगा था। रावण भी निरंतर हो रहे प्रहारों से अब निढाल सा होने लगा था। शरीर के कई हिस्से मानो गहरे तीरों से बिंधे हों।

जटायु यदि अधिक देर तक यूं प्रहार करता रहा, तो रावण अथवा यान किसी को भी वह भूमि पर पटकने ही वाला है। ये आभास होते ही रावण ने जटायु को अपने से दूर रखने हेतु निरंतर बाणों की वर्षा आरम्भ कर दी। एक के बाद एक तीर जटायु के शरीर को बींधते चले गए। अंतिम प्रहार के रूप में जटायु ने अपने गिरते शरीर को यान से टकराने का प्रयास किया। रावण इस वार के लिए तैयार था। तुरंत अपनी तलवार से उसने जटायु के दाहिने पंख को उसके शरीर से अलग कर दिया। जटायु कटे वृक्ष की भांति जमीन पर गिरा। पृथ्वी को दी अपनी सौगंध की लाज उसने रखी। यान नजरों से ओझल हो गया। इतिहास में जटायु सदा के लिए अमर हो गया। रामायण में वर्णित पात्रों में जटायु की अंतिम क्रिया हम स्वयं चक्रपाणि के अवतार भक्त वत्सल प्रभु राम के हाथों होता देखते हैं। जो सौभाग्य पिता होकर भी दशरथ को प्राप्त न हुआ, वह सौभाग्य भक्त होकर जटायु महाराज ने सहज ही हासिल किया। वैकुंठ की प्राप्ति जटायु को हुई।

सादर प्रणाम।

34. शिव

शिव को समझना उतना ही सरल है, जितना मनुष्य का स्वतः ये ज्ञात कर लेना कि जल ही प्यास बुझाने का एकमात्र साधन हैं। जल बिना जीवन नहीं है। ठीक उसी प्रकार शिव के बिना परिवार व संसार का सुख नहीं है।

और अगर आप शिव को रहस्यमय बनाने पर विश्वास रखते हैं तो शिव को समझना उतना ही दुष्कर है जितना ब्रह्मांड को समझना।

हजारों लेख इस सावन के पवित्र माह में आपको शिव संबंधी देखने को मिल जाते हैं। अनगिनत श्रद्धालु, अनगिनत शिवलिंगों में जल अर्पित करते हुए अपनी तस्वीरें खिंचवाने को ही सावन का महात्म्य समझ बैठते हैं। शिव की तस्वीरों से लोगों की प्रोफाइल्स जगमगाने लगती हैं। फिर भी एक रीतापन सा बिखरा हुआ रह जाता है, क्यों, क्योंकि हम शिव से परिचित नहीं हो पाते। हम उनमें आत्मसात नहीं हो पाते। भक्तों की चेष्टा मात्र ये ज्ञात करने तक सीमित रहती है कि शिव को क्या पसंद है। शिव को क्या चढ़ाना, अर्पित करना चाहिए, शिव कैसा श्रृंगार करते हैं, कौन से मंत्र शिव को प्रसन्न कर सकते हैं। शिव की इच्छा, अनिच्छा तक मनुष्य सीमित कर देता है स्वयं को, किन्तु शिव का साक्षात्कार नहीं करता, शिव को नहीं खोजता, शिव को नहीं तलाशता। ताकि स्वयं उनकी वाणी से ही उनकी वास्तविक इच्छा अनिच्छा ज्ञात कर पाता। जिस दिन ऐसा कर पाए, तब देखिये, हर मास श्रावण मास है, प्रत्येक दिन सोमवार है, प्रत्येक रात्रि शिव रात्रि है, प्रत्येक बूंद गंगाजल है।

शिव को मानिए मत, शिव मानने की प्रक्रिया नहीं हैं। मानेंगे तो सदा उस भाव में देख पाएंगे, जिसमें दूसरे ने देखा। जो भाव पुस्तकों में लिखा पाएंगे। दूसरे की दृष्टि है, दूसरे का विजन है। दूसरे के विचारों के शिव, दूसरे के शिव, आपके अपने नहीं। अतः शिव को मानिए मत अपितु शिव को जानिये। आपके शिव को जानिये, मानने न मानने का प्रश्न स्वयं लोप हो जाएगा।

शव ही प्राण का विलोम है। प्राण शिव है। प्राण नहीं तो शव है। स्पंदन हीन है। उद्देश्यहीन है। निरर्थक है। उत्तरदायित्व की एक मात्रा "इ" को लगा लेने से शव, शिव का रूप ले लेता है। शिव उत्तरदायित्व की परिभाषा हैं। शिव जिम्मेदारी का एहसास हैं। शिव अपनी आकांक्षाओं, इच्छाओं का हनन कर परिवार हेतु, समाज हेतु, मानवता हेतु विषपान करने का नाम है। शिव नीलकंठ हैं। शिव हैं तो योगी हैं, शिव स्वयं को होम कर परिवार का पालन करने का नाम है।

शिव वो संबल है जो आपके बुरे वक्त में आपका सारा बोझ, बिना किसी लालसा के, बग़ैर किसी उलाहना के, बिना अपने स्थान-आयु-सामर्थ्य का भान किये, अपने कांधे पर लेकर आपको भार मुक्त कर देते हैं। वे स्वयं विषपान कर आपको अमृत का प्याला थमा देते हैं। वे स्वयं वाघाम्बर ओढ़ कर, राख का लेपन करके ही संतुष्ट हैं। संसार की संपदा का भोग आप कीजिये। ये शिव ने आपके लिए त्याग दिए हैं। आप अपने गले में स्वर्णजड़ित आभूषण धारण कीजिये। वे जिम्मेदारियों के बासुकी को अलंकार स्वेच्छा से बनाए बैठे हैं।

कभी पिता के गले के नीले रंग पर ध्यान गया है आपका। कभी उनमें अपने शिव तलाशने का प्रयास किया है आपने। कभी आपकी असफलता पर उनके रौद्र रूप के पीछे छिपे उनके डर को देखा है आपने। आपके असुरक्षित भविष्य का डर, आपकी जग हंसाई का डर, आपके संघर्ष का डर।

कभी तुलना कीजिये शिव की अपने पिता से। आप देखेंगे कि जिस रूप को जिस आकृति को पाने के लिए आप बड़े-बड़े स्वांग रचाये फिर रहे हैं वो आपके ही सामने कदम-कदम पर आपके साथ चल रहा है। प्रत्येक पल विष का पान आपके व अपने परिवार के रक्षार्थ कर रहा है। वो अपना सर्वस्व आपके हेतु त्याग कर चुका है। निराशा के पश्चात आशा ही जीवन का आधार है। पतझड़ के बाद बसंत ही नवजीवन का संदेश है, मृत्यु मिथ्या है, मृत्यु के भय को काट जो जीवन के प्रति आस्था प्रज्वलित करे, वो शिव है। अगर अंधकार ही व्याप्त हो, तो प्रकाश का क्या महत्व रह गया। कीमती तो प्रकाश है। मृत्यु पाखंड है, मात्र वस्त्र का बदलना है, आत्मा शाश्वत है, एकमात्र सत्य है। जीवन ही ईश्वर के होने का प्रमाण है। मुझे अपने जीवन से बहुत प्यार है, ये जीवन न होता तो मुझे माता -पिता, भाई बहन, मित्रों का स्नेह न मिलता। जीवन न होता तो मैं भगवती की स्तुति नहीं कर पाता। जीवन न होता तो मैं प्रकृति की रचनाओं, सुंदर पंछियों, पहाड़ों ,,मंदिरों के दर्शन न कर पाता। जीवन न होता तो मेरी जीवन संगिनी और भगवती का अवतार दो पुत्रियां मुझे कहाँ से मिलती। ये मनुष्य जीवन पाने के लिए देवता भी तरसते हैं। मृत्यु मुझे परास्त नहीं कर सकती, क्योंकि मैं जानता हूँ उसके बाद पुनर्जन्म है, उस अंधकार के बाद वापस शिव रूपी प्रकाश है जीवन के रूप में। तभी कहा गया है, भला मृत्यु से क्या भय क्योंकि वो तो क्षणिक है, जीवन निरंतर बहता जल है। निरंतर यात्रा है। अब ये हमारे ऊपर है कि

मिथ्या मृत्यु को ध्यान में रखकर हम घुट कर जीयें या ये सत्य जान लें कि मृत्यु एक क्षणिक आभास है । जीवन पुनः हमें अपने आगोश में लेने को तत्पर है । जीवन ही शिव है, अतः शिव ही सत्य है । जीवन देने वाला पिता ही शिव है, तभी महामृत्यंजय हैं । हर अंधकार के आगे प्रकाश है । हर असफलता के आगे सफलता है आलिंगन के लिए । हर मृत्यु के पश्चात शिव हैं नया जीवन देने के लिए । मैं हारता नहीं, क्योंकि मैं जीवन हूँ, मैं ही शिव हूँ, शिवोह्म, शिवोह्म ।

ये पिता को उसका आसन, उसका मान देने का उपयुक्त समय है । ये पिता को महसूस कराने का पर्व है कि आप ही मेरे शिव हैं । आप ही की रचना हूँ मैं, आप ही पालक हैं मेरे, आपके ही अंश की प्रकृति हूँ मैं, शिवोह्म, शिवोह्म।

सादर प्रणाम ।

35. कृष्ण

घोड़ों की रास स्वयं मधुसूदन के हाथों में थी। मुंह से सफेद फेन गिराती अश्व टोली इस बात से भलीभांति वाकिफ थी कि ब्रह्मांड के सर्वोत्तम सारथी के हाथ जब भी रथ की रास आती है, तो समुद्र को भी अपना स्थान त्यागना होता है। सूर्य की किरणें भी केशव के रथ की गति के आगे नतमस्तक होती हैं। वायु के दूत भी उस रथ की गति से पराजित हो, स्वयं को लाचार पाते हैं।

सामान्यतः तीव्र गति से रथ भगाने के अभ्यस्त कृष्ण के अश्व आज पहली बार कृष्ण के शब्दों की ललकार को अपनी पीठ पर चाबुक के स्पर्श के समान महसूस कर रहे हैं। पशु मूक सही, अपनी भावनाओं को बता पाने में असमर्थ सही, किन्तु स्वामी के नेत्रों की भाषा को सहज समझता है। उसके हाथों के स्पर्श के स्पंदन की कहानी जानता है। कृष्ण के हृदय की धौंकनी मानो नगाड़े की गूंज बन अश्वों को संकेत दे रही थी कि आज दौड़ निर्णायक है, आज स्वामी का सम्मान दांव पर है, आज द्रौपदी को दिए वचन को निभाने की घड़ी है। आज कृष्ण के वचन की कीमत तय होनी है। कृष्ण को निकट से जानने वाले सभी जानते हैं कि कालांतर में अर्जुन को दिए अपने वचन के निर्वाह हेतु प्रकृति के सिद्धान्त के विपरीत जाकर भी वासुदेव ने सूर्य पर ग्रहण तक लगाया है और आज प्रश्न एक स्त्री की अस्मिता का है, उसके अभिमान का है। द्रौपदी के भेजे दूत से कल रात्रि ही कृष्ण को कुरु सभा मे होने वाले चौसर के खेल का संकेत मिल चुका है और संदेश प्राप्त होते ही कृष्ण का मन अनहोनियों की आशंका से उन्हें चौकन्ना कर चुका है। बिना एक पल गंवाएं तब से कृष्ण कुरु सभा पहुंचने को छटपटा उठे हैं,

रात्रि में ही उन्होंने रथ को हस्तिनापुर के मार्ग पर डाल दिया है ।

कृष्ण के होंठों की ललकार ने जैसे पीठ पर पुनः चाबुक की चोट की हो, जानवर ने स्वामी के हृदय की वेदना को महसूस किया और अपना सर्वस्व देकर भी आज ऋणमुक्त होने का संकल्प लिया । घोड़ों के पैरों में ज्यों बिजली कौंधती हो, पदचापों की गड़गड़ाहट कुरु साम्राज्य के समाप्ति की घोषणा में मानो विजयी ढोल नाद की भांति तांडव करती हो ।

इंद्रप्रस्थ में पांडवों के समारोह में अपमानित दुर्योधन के नेत्रों की ज्वाला,भविष्य में क्या परिणाम प्रस्तुत कर सकती है, ये अंदाजा लगाना कृष्ण के लिए कोई बड़ा भेद नहीं था । राजा युधिष्ठिर चौसर के जुए के लिए हामी भर देंगे, ये विश्वास कर पाना कठिन था, किन्तु कहते हैं न कि "प्रभु जाको दारुण दुख दीना, ताकि मति पहले हर लीना" । युधिष्ठिर तो अपना विवेक यह प्रस्ताव स्वीकार करते ही त्याग चुके हैं, किन्तु दुर्योधन के पास तो कभी विवेक रहा ही नहीं है ।

अपमान की आग में झुलसता हुआ विवेकहीन दुर्योधन अपने बल के अहंकार व पांडवों को लज्जित करने की अपनी जिद में मानवता के समस्त नियम बिसरा सकता है, इसमें कृष्ण को कोई संदेह नहीं ।

रोहिणी नक्षत्र के अधिपति चंद्रदेव ने मनुष्य लीला करते अपने स्वामी का पथ प्रदर्शन करने हेतु स्वयं आगे बढ़कर आज अपनी निशा यात्रा का संचालन किया । अचानक से जंगल की शांति को भंग करते हुए मयूरों ने शोर मचाना आरम्भ कर दिया । अपने मार्ग से गुजरने वाले कृष्ण के घोड़ों की पदचाप ,कोसों दूर राह में रात्रि विश्राम करते नीले नागान्तकों के लिए माथे पर मोर मुकुट के रूप में ब्रह्मांड का ताज धारण करने वाले चक्रवर्ती

के आगमन की घोषणा है । ऐसा चक्रधारी जिसके मोरमुकुट के आगे इन्द्र का सिंहासन तुच्छ जान पड़ता है । जिसके गले में पड़ी मोती की माला का एक एकलौता मोती ही कुबेर के खजाने को लज्जित करने में सक्षम है और जिसके पीताम्बर की आभा स्वर्ग की अप्सराओं के वैभव तक को क्षीण कर देती है ।

कृष्ण के ललाट पर तनाव विद्युत तरंगों के समान रह रह कर चिंगारियां में परिवर्तित हो रहा है । प्रकृति इस तनाव का भार झेलने की अभ्यस्त नहीं है। तनाव की रेखा तो केशव के ललाट पर तब नहीं उभरी जब कालिया नाग का मानमर्दन उन्होंने किया, इन्द्र की सत्ता को चुनौती देते हुए गोवर्धन उठा लेने वाले कृष्ण के अधरों पर तब भी स्मित ही था, फिर आज ये अनहोनी क्यों?

इस तनाव का भार वहन करने के लिए शेषनाग ने अपने फन पर टिकी वसुंधरा को व्यवस्थित किया, वराह ने अपने नुकीले खुरों पर अपना आधिपत्य पुनः जांचा । निकट भविष्य में ब्रह्मांड को अचंभित कर देने वाली कोई घटना अपनी रूपरेखा रच रही है, इसका आभास धरती के इन दोनों भारवाहकों को सहज ही हो गया है ।

अश्वों के खुरों के कोने लगातार दौड़ते रहने से अब रक्ताभ होने लगे हैं, किन्तु उनकी गति में कोई स्थिलता नहीं दिखाई पड़ती । कृष्ण के हृदय की ज्वाला, स्वयं अश्वों के नेत्रों से रक्तपुंज के रूप में टपकने को आतुर है, नीले वन पक्षी कृष्ण की देह के ताप से विचलित हो रहे हैं, उनके फड़फड़ाते पंख रात्रि के घने वन में अजीब सा भयभीत कर देने वाला शोर उत्पन्न कर रहे हैं । नीले मयूरों का रात्रि में जागना शुभ संकेत नहीं है । अष्टम कालरात्रि के अधीष्ट

नीले रंग की आभा वाले सांवले कृष्ण और नीले नागान्तकों का समवेत कोप मानो आज कुरुवंश पर लगने वाले ग्रहण का संकेत है।

प्रातः की पहली किरण के साथ ही कृष्ण ने हस्तिनापुर की सीमा का स्पर्श कर लिया। कुरु सभा में लगती एक-एक बाजी सभ्य समाज के मुंह पर करारे तमाचे के समान थी। ईर्ष्या जब अपनी सीमाओं का अतिक्रमण करती है, तब मनुष्य के भीतर बसा जानवर बाहर आने लगता है। गिरने की कोई सीमा नहीं होती। आप महानता का, सहृदय होने का, सभ्य होने का एक पैमाना तय कर सकते हैं। किन्तु मनुष्य की नीचता को मापने के कोई पैमाना नहीं होता, इसकी कोई सीमा नहीं होती। बड़े भाई की जिस स्त्री से अपनी माता के समान व्यवहार रखना चाहिए उस पांचाली को भरी सभा में निर्वस्त्र करने का आदेश देने में दुर्योधन को किंचित संकोच नहीं हुआ।

अपने भवन में कृष्ण की राह देखती द्रौपदी को ज्योंही प्रतिहारी द्वारा उसे चौसर में हार जाने की सूचना प्राप्त हुई उसका हृदय एक अनहोनी आशंका से ग्रसित हो गया। कृष्ण की अभी कोई सूचना नहीं पहुंची पता नहीं कृष्ण तक द्रौपदी का संदेश ही पहुंचा या नहीं और द्वारका से यहां पहुंचने में कितना समय लगता है, इन प्रश्नों के उत्तर द्रौपदी के पास नहीं थे।

बेबसी ने अश्रुओं का रूप ले लिया, किन्तु पलकों के कोनों पर जमा पानी आत्मसम्मान का रूप ले स्वयं से विद्रोह कर उठा। इतिहास साक्षी है कि किसी स्त्री के नेत्रों से जब भी बेबसी के अश्रु बहे हैं, बड़े-बड़े साम्राज्य इसकी भेंट चढ़े हैं। अजेय रावण अपनी लंका सहित इस ज्वाला में होम हुआ है। सती के देह त्याग का परिणाम सम्पूर्ण विश्व को नाश के कगार पर ले गया था। देवकी के नेत्रों की गंगा में डूबकर मथुरा का कंस साम्राज्य खंड

खंड बिखर चुका है । अहिल्या के अपमान का परिणाम इंद्र को चुकाना पड़ा। नियति क्या रचे बैठी है ये कृष्ण के सिवा कोई नहीं जानता । अपने अनुजों सहित अपनी स्त्री को जुए के दांव में हार जाने वाले युधिष्ठिर को इतिहास भले ही धर्मराज के रूप में याद रखे, किन्तु द्रौपदी की दृष्टि में आज युधिष्ठिर का स्थान बहुत निम्न हो गया है।

दुर्योधन के आदेश पर दुशासन पांचाली को केशों से घसीटकर कुरु सभा को अपनी बलिष्ठ भुजाओं का परिचय दे चुका है । अपमान से छटपटाई निरीह स्त्री के वस्त्रों का एक छोर अपने पैरों से दबाए एक वीर अपनी वीरता का प्रदर्शन कर रहा है, संसार में वीरता के नया अध्याय लिखा जा रहा है, इतिहास पुरुषत्व की नवीन व्याख्या देख रहा है।

आरंभ से ही स्त्री को सांवन्तवादी दृष्टि से देखने की मनोवृत्ति रही है । संसार अनेकों ऐसे उदाहरणों से भरा पड़ा है। स्त्री उपभोग की वस्तु है, इस कुविचार से बड़े से बड़े चरित्र भी अछूते नहीं रहे । संसार का ये अटल सिद्धांत है कि भले ही पुरुष कितनी ही स्त्रियों का भोग करे, किन्तु स्त्री एक से अधिक पुरुष को नहीं वर सकती । द्रौपदी ने पुरुषों की इस वर्चस्व को चुनौती दी है, वह पांच वरों को धारण करने वाली पांचाली है और पुरुष प्रधान समाज में ऐसा दुस्साहस करने का दंड स्त्री को अपना सम्मान देकर चुकाना चाहिए । जाने अनजाने इस विचार के पक्षधर इस सभा में बैठे सभी वीर हैं । आदर्शवाद की व्याख्या करते अपने अनेक नायकों को इतिहास ने हजारों बार मुंह के बल गिरते देखा है । सभा में गंगापुत्र भीष्म, आचार्य द्रोण, महाबली कर्ण, नीतिपुरुष विदुर, कृपाचार्य सहित उस कालखंड के उत्तम पुरुष विद्यमान है । सबकी अपनी-अपनी विवशताएँ हो सकना संभव हैं। सबके संस्कार भिन्न

होना संभव हैं, किन्तु सबके भीतर एक विचार समान रूप से विद्यमान है जो सभी को एक सूत्र से बांधता है,,वो है मिथ्या पुरुषवाद । सभी के हृदय में एक टीस सदा से उन्हें सालती आयी है कि द्रौपदी ने पुरुषों के वर्चस्व को चुनौती देने का साहस किया है और उसे इसका दंड मिलना चाहिए ।

जिस क्षण भर में आपकी महानता का पैमाना तय होता है, जो क्षण आपको मिथ्या पुरुषवाद के अहंकार की भावना से काटकर पुरुषों में उत्तम स्थान प्रदान करता है। जिस क्षण आप ब्रह्मांड में एक नया आदर्श प्रस्तुत कर,स्वयं को एक वास्तविक नायक घोषित करते हैं, वह यही एक क्षण मात्र होता है। जब जबर के जुल्म के विरोध में कोई दर्शक दीर्घा से आगे निकल अधर्म को अधर्म कहने का साहस करता है। जब कोई सबल का विरोध कर निर्बल का सहायक बनता है और वास्तविक नायक कहलाता है और इसी एक क्षण में संसार के श्रेष्ठ नायक किरदार अपना कर्तव्य निभाने में चूक गए। वे दुर्योधन का विरोध करने से चूक गए। एक स्त्री की मर्यादा की लक्ष्मणरेखा को लांघने का दुस्साहस कर बैठे। आदर्शवाद की मर्यादा को तार तार करने हेतु दुशासन के हाथ द्रौपदी के वस्त्रों की ओर बड़े, सभा द्रौपदी को उस अवस्था में देखने का मोह नहीं त्याग सकी जिस रूप में स्त्री को उसका पुत्र व स्वामी ही देख पाए हैं । राजाओं में श्रेष्ठ स्थान रखने वाले राजा द्रुपद की राजकन्या, संसार के श्रेष्ठ महारथियों की अर्धांगिनी, आज अपनी अस्मिता की रक्षा में असमर्थ है । जिस पुरुषप्रधान समाज ने स्त्री के लिए अस्मिता के मापदंड तय किया हैं, उसी अस्मिता के पहरुए आज उसके सम्मान को निर्वस्त्र करने पर आमादा हैं । द्रौपदी को आज ज्ञात हुआ कि संसार में स्त्रियों का एक ही स्थान है, एक ही गति है। भले ही उसका जन्म किसी राजपरिवार में हो अथवा किसी निम्न कुल में, किन्तु स्त्री की सदा से एक ही जाति होती

आयी है, वह जाति स्त्री होना है और इससे मुक्ति नहीं पाई जा सकती। चाहे उसका जन्म वैदेही के रूप में हो अथवा द्रौपदी के रूप में।

किन्तु अनहोनियों होती हैं, असंभव संभव होता है, किश्ती उस भंवर से भी निकलती है, जिस भंवर से निकलने की आशा स्वयं मल्लाह को भी नहीं होती। ईश्वर ऐसी रचनाएं करता है, देवता ऐसा संभव करते हैं। हर ओर से निराश होकर भी अंत में हृदय में एक दीपक आशा की एक क्षीण सी किरण जलाए रखता है। वह है कृष्ण का नाम। इस नाम का आधार द्रौपदी ने कभी नहीं त्यागा, कृष्ण हैं तो द्रौपदी का सम्मान जीवित है। भक्त है तो भगवान है। भक्त सदा भक्त है, स्वयं को प्रत्यक्ष भगवान को करना होता है, अपनी शक्ति का परिचय देना होता है। आज द्रौपदी की नहीं एक भक्त की अस्मिता दांव पर है। मधुसूदन, आज तुम्हारा अस्तित्व दांव पर है, गोवर्धन आज तुम्हारे भक्त प्रेम की परीक्षा है केशव।श्री कृष्ण गोविंद हरे मुरारी,, जय नाथ नारायण वासुदेव। इस मंत्र का जाप सदा पांचाली ने किया है। कृष्ण पर उसकी अटूट श्रद्धा रही है।

छद्म वीरों के इस संसार में केशव का नाम ही एक अबला का सहारा बनता रहा है, बनता रहेगा.. हे नाथ, रक्षा.. रक्षा।

द्रौपदी के वस्त्र का एक सिरा अपने पैरों से दबाए, दुशासन के हाथ उसके शरीर से वस्त्र खींचने को बढ़े, वस्त्र का दूसरा सिरा थामे पांचाली, अपने नेत्रों को भींचे, हृदय में गोविंद गोविंद पुकार रही है। यह भक्त की वह करुणामय पुकार है, जिस पर शेषनाग की शय्या करते ईश्वर की तंद्रा भी टूटती है, समाधि में बैठे शिव भी जिस करुण पुकार के कारण विचलित हो उठते हैं। हृदय से उठी यह उस अखंड विश्वास की पुकार है, जिसका आधार लेकर

सृष्टि कायम है। जिस विश्वास पर ब्रह्मांड की गतियां कायम हैं, जो विश्वास मनुष्य को अपने आराध्य के साक्षात दर्शन कराता है। दुशासन ने आगे बढ़कर द्रौपदी के वस्त्रों को उसके शरीर से खींचना आरम्भ किया। पांडव लज्जा से सिर झुकाए बैठे हैं। बाकी सभा नीचता से अपनी गिद्ध दृष्टि पांचाली की देह पर लगाए बैठी है। दुर्योधन ने उत्तेजित होकर अपनी जंघा पर हाथ मारा, दुशासन ने द्रौपदी के बाहरी वस्त्र को खींचकर उसके शरीर से अलग निकाल फेंका। सभा सीत्कार से भर उठी। वीर दुशासन के हाथ अधोवस्त्रों की ओर बढ़े, द्रौपदी का मन परमहंसों की उस अवस्था तक पहुंच गया है, जहां उसके हृदय में कृष्ण के सिवा कुछ दृश्य नहीं। कानो में केशव के सिवा कोई ध्वनि नहीं, जिह्वा पर हे गोविंद हे गोविंद के सिवा कोई पुकार नहीं। वस्त्रों से द्रौपदी का ध्यान हट चुका है, दोनों हाथ जोड़े भक्त बस प्रभु का आह्वान कर रहा है। दुशासन ने द्रौपदी के अंगवस्त्र पर हाथ बढ़ाया ही था कि उसी क्षण सम्पूर्ण कुरुसभा एक प्रचंड ध्वनि से गूंज उठी। सम्पूर्ण ब्रह्मांड को बींधती इस ध्वनि की तीव्रता ने मानो सब कुछ शून्य कर दिया हो। कुरुमहल की धरती प्रलय के कंपन से थरथरा उठी। सभा में उपस्थित वीरों का तेज बुझ गया। दुशासन सहित अनेकों महारथी अपने कर्णों पर हाथ धरे चेतनाशून्य हो उठे, धरती डगमगा उठी, शेषनाग ने अपने फन को झटक कर होने वाली घटना के लिए स्वयं को सचेत किया। शिव ने डगमगाते कैलाश को पुनः अपने प्रभाव से स्थिर किया। सर्वप्रथम कुन्तीनन्दन अर्जुन ने इस ध्वनि को पहचाना। उस ध्वनि को, जिससे संसार का हर महारथी परिचित है, जिस ध्वनि के आगे ब्रह्मांड शीश नवाता है। वो ध्वनि जो संसार में विरलतम है। जिस ध्वनि की गूंज वीरों का तेज हर उन्हें नपुंसक बनाने का सामर्थ्य रखती है। ये कृष्ण के पांचजन्य की गूंज है

। इस शंख को वासुदेव धारण करते हैं। ये द्वारिकाधीश के रूप में ब्रह्मांड के स्वामी के आगमन की घोषणा है। ये उस चक्रपाणि के आगमन का संदेश है, जिसकी वीरता के आगे संसार नतमस्तक है।वासुदेव महल प्रांगण में प्रवेश कर चुके हैं। प्रचंड ज्वाला में धधकते कृष्ण ने अपने आगमन की हुंकार करी। पांचजन्य संसार का सर्वश्रेष्ठ ध्वनि शंख है, जिसे संसार का सर्वोत्तम महारथी धारण करता है। चलते रथ से कूद कर कृष्ण द्युत सभा की ओर भागे। जब तक कुरुसभा पांचजन्य के प्रभाव से स्थिर होती, सम्पूर्ण कुरुमहल कृष्ण के तेज से स्तम्भित हो उठा।

क्षण भर में पासा पलट गया। भगवान ने धरती की गति को मानो स्थिर कर दिया हो। कृष्ण ने अपना पीतांबर द्रौपदी के कांधे पर फैला दिया। ये वो पीताम्बर है जो समूर्ण आकाश को ढकने का सामर्थ्य रखता है। आग्नेय दृष्टि से कृष्ण ने कुरुसभा को मानो चुनौती दी हो। द्रौपदी के ओढे पीताम्बर को स्पर्श करने की चुनौती। कुरुसभा के समस्त वीर योद्धा जानते हैं कि द्रौपदी के शरीर पर पड़े पीताम्बर को स्पर्श करने का अर्थ कृष्ण के सुदर्शन चक्र को ललकारना है। वे यादवों के अधिपति हैं। इस सुदर्शन के पीछे संसार का नाश करने में सक्षम मृत देहों का अंबार खड़ा करने के बलराम के हल की फाल से सब परिचित हैं। यादव श्रेष्ठ सात्यकि की बाणों की गति संसार जरासंध युद्ध में देख चुका है। उद्धव के धनुष की टंकार किसी भी साम्राज्य का विध्वंस करने में सक्षम है। ये पीताम्बर नहीं, यादवों का आत्मसम्मान है। यह कृष्ण का धर्म है और संसार में किस महारथी का सामर्थ्य है जो कृष्ण के धर्म को चुनौती दे सके। सभा निर्वीर्य देखती रह गयी, भगवान भक्त का हाथ थामे धीमे से वहां से प्रस्थान कर गए।

सादर प्रणाम।

36. गीता और कृष्ण

"कर्मण्येवाधिकारस्ते मा फलेषु कदाचन,
मा कर्मफलहेतुर्भूर्मा ते संगोऽस्त्वकर्मणि "।

श्रीमद्भगवद्गीता के सर्वाधिक प्रचलित श्लोकों में से एक कर्म व धर्म के संबंध को परिभाषित करते इस श्लोक को आधार लेकर कई टीकाओं, कई ग्रंथों की रचना कालांतर में होती आई है। ग्रंथों में श्रेष्ठ स्थान रखने वाली पुस्तक में, श्रेष्ठ नायक किरदार श्री वासुदेव कृष्ण द्वारा कही गयी ये सर्वश्रेष्ठ उक्ति है।

ये पंक्तियां समय समय पर अपना उद्देश्य, अपना महत्व प्रकट करती रही हैं। किन्तु विडंबना है कि अनेकों बार विद्वान जनों द्वारा भी इसका वास्तविक महत्व समाज तक नहीं पहुंचाया जा रहा है।

इन असाधारण पंक्तियों में ही समस्त गीता का सार है। अगर इन अमृत सरीखे शब्दों के शहद को आप पा गए, तो कदाचित बाकी कुछ पढ़ना, समझना शेष नहीं रह जाता और आज के परिवेश को आधार माने तो शांति प्राप्ति (स्वयं व समाज दोनों हेतु) का इससे श्रेष्ठ मार्गदर्शक कोई नहीं।

महाभारत काल में स्वयं को प्रस्तुत कीजिए। कुरुक्षेत्र के उस निर्णायक मंच पर आप अपने अपने धर्म (अर्थात क्षेत्र) के श्रेष्ठ अनुपालक को अपना धर्म निर्वाह करते देख रहे हैं।

कुरु राजसत्ता के शिखर पर बैठे राजा का सेवक बन सदा राज्य की सीमाओं की सुरक्षा को अपना धर्म मानूंगा, ऐसा प्रण करने वाले गंगा पुत्र भीष्म।

मित्रता को संसार का श्रेष्ठ धर्म मानने वाले सूर्य पुत्र मृत्यंजय कर्ण। अपने आजीविका दाता के प्रति निष्ठा को ही धर्म का आधार मानने वाले आचार्य द्रोण। अपनी राजसत्ता को अखंड बनाकर रखने हेतु अपने राज्य की भूमि से सुई की नोक के बराबर हिस्सा भी अलग न होने देने का संकल्प रखता गांधारी का बलशाली पुत्र सुयोधन। अपने वचन निर्वाह हेतु अपने सगे भांजे के विरुद्ध युद्ध करते शल्य। अपने भांजे प्रेम पर स्वयं को होंम करते शकुनी। इनमें से किसके धर्म पर आप तर्जनी उठा सकते हैं भला? कृष्ण यदि दुर्योधन को अधर्म के मार्ग पर समझते, तो अपनी नारायणी सेना कभी उसके आधीन न करते।

वास्तव में "अधर्म" की कोई एक व्याख्या नहीं है, अपना कोई अस्तित्व नहीं है। जिस प्रकार प्रकाश की अनुपस्थिति अंधकार है, उसी प्रकार धर्म की अनुपस्थिति अधर्म है। अंधेरा कहीं से आता नहीं है, वह सर्वत्र है, सर्वव्यापी है। सदा से है, उसी प्रकार अधर्म सदा से है, सर्वत्र है।

अंधकार को स्वयं को परिभाषित, प्रस्तुत करने की आवश्यकता नहीं होती, सूर्य की अनुपस्थिति स्वयं अंधकार है। यात्रा सूर्य को करनी है। प्रकाश का साम्राज्य स्थापित करने के लिए अंधकार के विनाश के लिए नहीं।

सूर्य अंधकार का सदा के लिए विनाश नहीं कर सकता। सूर्य के अनुपस्थित होते ही अंधकार उपस्थित है। प्रकाश को बचाना सूर्य का धर्म नहीं है। सूर्य का धर्म प्रकाश की स्थापना है। प्रकाश सदा स्थापित रहेगा तो अंधकार का कोई अस्तित्व है ही नहीं और अपने इस धर्म की स्थापना के लिए सूर्य को निरंतर अपने कर्मपथ का निर्वाह करना होता है। इसी प्रकार धर्म की स्थापना ही अधर्म की समाप्ति है। समस्या वहां से उत्पन्न होती है, जहां से मनुष्य स्वयं के कर्मपथ को त्याग, दूसरों के धर्म हेतु अपने नियम लागू करना

चाहता है । ठीक यही विचार आपके प्रति दूसरे मनुष्य के भी होते हैं । वह भी स्वयं के धर्म को त्याग, आपके धर्म को गलत ठहराने में पथभ्रष्ट है। दुर्योधन को गलत साबित करना कृष्ण का मंतव्य नहीं था, वे भीष्म, द्रोण, कर्ण को अधर्मी नहीं मानते थे । फिर से ध्यान दें कि उन्होंने कुरुओं को अपना धर्म निर्वाह करने हेतु समस्त नारायणी सेना तक दे डाली । यादवों में इस युद्ध को लेकर अपने विचार थे । अधिकांश यादव महारथी, कौरवों का पलड़ा भारी समझ, भविष्य में उनसे किसी भी प्रकार की शत्रुता के पक्ष में नहीं थे । ये उनके राज्य के लिए हानिकारक हो सकता था । द्वारिका के संबंध हस्तिनापुर से खराब हो सकते थे। भविष्य में उनमें किसी भी प्रकार का व्यापार बाधित हो सकता था, जो कि द्वारका जैसे नवनिर्मित राज्य के लिए उचित नहीं था ।

अतः यादव कुरुओं के पक्ष में रहना चाहते थे । कृष्ण ने उन्हें अपने इन विचारों को ही अपना धर्म समझ उस धर्म की रक्षा हेतु अपना कर्मपथ प्रशस्त करने की स्वतंत्रता दी, अपना धर्म पालन करने की प्रेरणा दी ।

किन्तु कृष्ण का धर्मपथ यादवों से अलग था । उन्होंने अपने धर्म की स्वीकृति स्थापित करवाने के लिए यादवों के धर्मपथ को गलत साबित करने की चेष्टा नहीं की । उन्होंने स्वयं के धर्म को स्थापित करने हेतु कर्मयुद्ध किया। उन्होंने सर्वप्रथम अपना मार्ग, अपना धर्म निर्धारित किया । पश्चात अपने धर्म को स्थापित करने हेतु अपना कर्म किया । कर्म का पालन ही धर्म की स्थापना है, ये संदेश दिया ।

हम कई बार कृष्ण के मार्ग का अनुसरण करने की चेष्टा में, उनके मार्ग से वास्तव में कोसों दूर चले जाते हैं । वे कहते हैं " यदा यदा हि धर्मस्य ग्लानिर्भवति भारत, अभ्युत्थानमधर्मस्य तदात्मानं सृजाम्यहम् "।

ध्यान दीजिए, "धर्म के उत्थान के लिए, अपने को प्रकट करता हूँ। धर्म की हानि होती है, तो सृजन करता हूँ. "। किसका भला? धर्म का। धर्म के मार्ग की स्थापना हेतु मैं अपने कर्मपथ का सृजन करता हूँ । इन पंक्तियों में वे किसी के विनाश का जिक्र नहीं कर रहे हैं। वे निर्माण कर रहे हैं, अपने धर्म का और जब धर्म का निर्माण होगा तो अधर्म का पतन करने की आवश्यकता नहीं होगी। क्योंकि सूर्य की उपस्थिति स्वयं अंधकार दूर करेगी। किसी को नष्ट करना आपका उद्देश्य नहीं,आपका धर्म नहीं, आपका उद्देश्य मात्र सृजन है, धर्म का सृजन छ अधर्म का विनाश तो स्वयं होता है। हम दूसरों के अधर्म का विनाश करने के लिए स्वयं के धर्म को नाश कर बैठते हैं । यही अराजकता उत्पन्न करता है, अशांति को जन्म देता है । इसे परिवार, समाज, राष्ट्र किसी भी रूप में देखिए, किन्तु आप देखेंगे कि समस्या का मुख्य कारण यही है कि हम दूसरों द्वारा तय किया गया मार्ग (उनका धर्म) गलत साबित करने में अपनी ऊर्जा नष्ट कर रहे हैं । जबकि आवश्यकता यह है कि यदि आपको दूसरे का धर्म (कर्म) गलत प्रतीत होता है तो आप उसे गलत साबित करने की चेष्टा मत कीजिये । आप स्वयं के धर्म को स्थापित करने के लिए अपना सर्वस्व झोंक दीजिये । यही आपका अधिकार है, यही आपका कर्मपथ है । आप प्रकाश का सृजन कीजिये । अंधेरे को नष्ट करने की चेष्टा मत कीजिये । वह स्वतः अपना प्रभाव खो देता है ।

आगे वासुदेव कहते हैं कि "परित्राणाय साधूनां विनाशाय च दुष्कृताम्, धर्मसंस्थापनार्थाय सम्भवामि युगे युगे "।

वे साधुजनों के उद्धार को मुख्य मानते हैं,"विनाशाय दुष्कृताम "तो "परित्राणाय साधूनां" का स्वअर्जित फल है । उसके लिए भला कैसी चेष्टा? धर्म की संस्थापना हेतु मैं युगों युगों में जन्म लेता हूँ । युगों युगों में जन्म लेता हूँ, कहते हैं कृष्ण । किसलिए जन्म लेते हैं भला? धर्म की संस्थापना हेतु । अधर्म के नाश की बात वे कर ही नहीं रहे हैं । धर्म की संस्थापना का उत्पादित फल स्वयं में अधर्म का विनाश है । उन्होंने कंस के वध हेतु जन्म नहीं लिया । वे देवकी के उद्धार के लिए अवतरित हुए । देवकी के उद्धार के रुप में कंस का वध स्वयं हुआ, होना ही था । कंस वध का फल देवकी का उद्धार नहीं था अपितु देवकी के उद्धार की क्रिया की स्वतः हुई प्रतिक्रिया कंस का विनाश थी ।

"संभवामि युगे युगे" वे कहते हैं युगों युगों में ।

अर्थ की गहराई । हिरण्यकश्यप के मार्ग का उसके धर्मपथ के मार्ग का विरोधी अगर मैं होता तो उसे इतना आगे आने की स्वतंत्रता भला क्योंकर देता । मेरा विरोध करना हिरणाकश्यप यदि अपना धर्म समझता है, तो अपने धर्म का पालन करे । मुझे तुझसे कोई दुर्भावना नहीं । मेरा नरसिंह अवतार तो बहुत बाद में प्रह्लाद के रक्षार्थ हुआ था । मैंने हिरण्यकश्यप का अंत करना होता तो बहुत पहले कर दिया होता । मुझे तो अपने भक्त प्रह्लाद के धर्म की रक्षा हेतु जन्म लेना पड़ा । प्रह्लाद की रक्षा मेरा धर्म था, उस धर्म पालन में मैंने अपने कर्मपथ का निर्वाह किया । हिरणाकश्यप की मृत्यु मेरे धर्म पालन के स्वरूप हुई स्वतः प्रतिक्रिया है ।

वे धनंजय अर्जुन को बताते हैं कि युगों युगों का प्रमाण देख लो। मैंने इंद्र के वर्चस्व को चुनौती देना अपना धर्म नहीं समझा। मेरा धर्म अहिल्या पर हुए अत्याचार का प्रतिकार करना था। मैंने अपना धर्म निर्वाह किया। बाली से मेरी कोई व्यक्तिगत शत्रुता नहीं। मेरा व्यक्तिगत तो कभी कुछ रहा ही नहीं। मैंने सुग्रीव की सहायता ही अपना धर्म समझा और उस धर्म की स्थापना में बाली स्वयं मृत्यु का ग्रास बना। सीता की खोज मेरे लिए अगर मेरे धर्म से प्रिय मुझे होती, तो हे पार्थ, मैं सक्षम बाली की सहायता मांगता। जो मुझे सीता खोज में अधिक सुविधाजनक होता, किन्तु मैंने ऐसा नहीं किया। मैंने बाली के कर्म पथ को भी गलत नहीं कहा। मुझे तुमसे कोई द्रोह नहीं है वानरराज बाली, मैं बस अपने कर्म पथ पर अपने धर्म की संस्थापना का पक्षधर हूँ।

तो देखिए, मुख्य क्या है। सर्वप्रथम आपको धर्म की पहचान करनी है, अपने वास्तविक धर्म की। आपका धर्म दूसरों के धर्म के निर्धारित सिद्धांतो के विपरीत होना सहज है। दूसरा कार्य अपने धर्म के सिद्धांतों के कर्मपथ (नियम) आपको ज्ञात होने आवश्यक हैं और अब आपका कर्तव्य इस धर्म की संस्थापना हेतु कर्मों का सृजन करना है। यही शांति का मार्ग है, यही कृष्ण का मार्ग है। युद्ध ही शांति का मार्ग है, किन्तु युद्ध का मंतव्य दूसरों के धर्म का विरोध नहीं है। युद्ध का गहन अर्थ एक स्वाभाविक क्रिया के रूप में लिया जाना चाहिए, जिसका कोई फल नहीं। जिस युद्ध (क्रिया) को हम किसी फल (प्रतिक्रिया) के लिए नहीं लड़ रहे। ये युद्ध तो हमारे धर्म के कर्मपथ पर आने वाला एक पड़ाव मात्र है। हे कुन्तीनन्दन ये युद्ध किसी के पथ को, किसी के धर्म को गलत साबित करने के लिए नहीं लड़ा जा रहा है। ये युद्ध धर्म की संस्थापना के लिए है। हमारे धर्म की संस्थापना के लिए

और युद्ध भूमि के उस पार जो हमारा विरोध करने के लिए खड़े हैं, वे भी हमारी ही तरह हैं या कहें मेरा ही अंश हैं। बस उनका धर्म अलग है, हमारे धर्म से उन्हें सहमति नहीं। अतः अपने धर्म के रक्षार्थ, अपने धर्म की संस्थापना हेतु वे भी अपने कर्मपथ का अनुसरण कर रहे हैं और यही उनका कर्तव्य है। वे अपने कर्तव्य का निर्वाह कर रहे हैं। तुम उनका विरोध मत करो, उन्हें गलत साबित करना तुम्हारा उद्देश्य नहीं है। तुम्हारा उद्देश्य उस विचार की स्थापना करना है, जिसे तुम अपना धर्म समझते हो, यही युद्ध कारण है।

इसके परिणाम की चिंता भी मत करो, क्योंकि परिणाम भविष्य के गर्भ में है। परिणाम प्रकृति के अधिकार का विषय है और इतना तय है कि प्रकृति भी सदा अपने धर्म का निर्वाह करती है। वह कभी आपको उसके प्रति अत्याचार करने से नहीं रोकती। वह कभी आपको गलत नहीं ठहराती। कभी आपको अधर्मी नहीं कहती। वह बस अपने धर्म का पालन करती है और उसका धर्म स्वयं की रक्षा करना है। अपने पर आश्रित जीवों के कल्याण के लिए स्वयं की रक्षा ही इसका धर्म है और अपने धर्म के पालन में वह प्रलय की रचना करती है। जलप्रलय, आकाशीय प्रलय, भूमि प्रलय। इस प्रलय में किसे कितना नुकसान हुआ, इसका आरोप प्रकृति पर नहीं थोपा जा सकता। वह बस अपने धर्म का पालन कर रही थी और अपने धर्म निर्वाह में वह अपना पराया का भेद नहीं करती। तुम उसे उसके मार्ग से बाधित नहीं कर सकते, किन्तु स्वयं के रक्षार्थ उपाय करना तुम्हारा अधिकार व धर्म दोनों है। तुम प्रकृति का श्रृंगार करो, उसके बनाये नियमों का पालन करो, यही तुम्हारा धर्म होगा।

इसी क्रम में हम देखते हैं कि घर, परिवार, कार्यस्थल, समाज, देश, कहीं भी मनुष्य अपने धर्म का निर्वाह नहीं कर रहा। दूसरों के धर्म का विरोध ही वह अपना धर्म समझ रहा है। दूसरों के कर्मपथ में कांटे बिछाना ही अपना कर्तव्य समझ बैठा है। जबकि आवश्यकता अपने कर्म पथ पर फूल बिछाए जाने की है। जन्माष्टमी में कृष्ण का जन्मोत्सव मनाने से पूर्व हम उनकी शिक्षाओं का वास्तविक अर्थ समझ, उनका उपयोग एक स्वस्थ व सुखी समाज के सृजन में करें तो दुष्टात्माओं, अधर्म, अंधकार का विनाश स्वयं हो जाएगा और यही वास्तविक कृष्णभक्ति, यही गीता का उद्देश्य और धर्म पथ होगा।

सादर प्रणाम।

37. लक्ष्य

द्रुपद के माथे की लकीरें निरंतर गहराने लगीं थी। कहीं अपने अपमान का बदला लेने की जिद में उन्होंने द्रौपदी के स्वयंवर की परीक्षा इतनी कठिन तो नहीं रख दी जो अब द्रौपदी के भविष्य के साथ साथ स्वयं उनके सम्मान को भी आहत करने वाली थी। न जाने क्यों अचानक द्रुपद को आज राजा जनक का स्मरण हो रहा है, क्या अपनी पुत्री के लिए उपयुक्त वर की आकांक्षा रखना पिता के लिए गलत है। अब क्या होगा। एक एक कर संसार के अनेक धनुर्धारी परीक्षा में असफल होकर अपने स्थानों पर मुंह लटकाए बैठे हैं व परीक्षा प्रांगण में छत पर घूमती मछली मानो अब भी मुसकुराते हुए उन्हें मुंह चिढ़ा रही है। त्रेता में तो जनक का संताप मिटाने स्वयं राम अवतरित हुए थे। यहाँ कौन है, जो द्रुपद को आस बंधाये ?

सभा मौन है, सभी के चेहरों पर निराशा और संशय के बादल हैं। द्रौपदी ने आहिस्ता से अपनी सखी के हाथ को अपने हाथ से हटाया और कृष्ण की और देखा। जिस दिन कृष्ण ने द्रुपद को स्वयंवर का सुझाव दिया था तो ये भरोसा दिलाया था की इस के द्वारा द्रौपदी आर्यव्रत के सर्वश्रेष्ठ धनुर्धारी को अपने जीवनसाथी के रूप में प्राप्त करेगी। कृष्ण अभी भी उसी प्रकार मंद मुस्कान अपने अधरों पर धारण किये हैं जो उनकी चिर संगिनी है। अपने शैशव काल से (जिस किसी ने भी कृष्ण के जीवन का परिचय पाया है, उसे भली भाँति ज्ञात है कि) कृष्ण कभी सामान्य जीवन नहीं जी पाए। हर समय कोई न कोई विपदा -समस्या से सदा उनका चोली-दामन का साथ रहा है व कुछ भी परिस्थितियां रही हों किन्तु इस मुस्कराहट ने कभी अधरों का त्याग नहीं किया। कृष्ण की इसी मुस्कराहट का भेद जानने वाला हर कोई उन्हें

ईश्वर मानता है और उसका हृदय भली भाँति जानता है की जब तक भगवान के अधरों पर ये मुस्कान है तब तक संसार की कोई शक्ति उसका अहित करने का सामर्थ्य नहीं रखती। कृष्ण मुस्कुरा रहे थे अर्थात अभी कुछ सामने आना बाकी है। संसार साक्षी है कि कालिया नाग व इंद्र तक का घमंड चूर करने वाले यशोदानंदन ने अपने वचन का निर्वाह करने उन पर भरोसा रखने वाले के सम्मान की रक्षा के लिए कई बार प्रकृति के नियमों को भी लांघने का साहस किया है। भक्त की लाज के लिए अपने चरित्र के विरलतम लक्षणों का प्रदर्शन संसार के सम्मुख भविष्य में कई बार उन्होंने किया।

कृष्ण की मुस्कराहट ने पांचाली को आश्वस्त किया। यही आश्वासन ब्राह्मण दीर्घा में बैठे सुगठित शरीर के उस युवक ने भी पाया। जिसकी भुजाएं अभी तक के घटनाक्रम का साक्षी बनने के बाद मानो स्वयं का परिचय देने हेतु नाड़ियों के प्रवाह को त्याग, फट जाने को आतुर थी। एक एक प्रतियोगी के असफल होने के साथ सभा की मायूसी उसके संयम की चरम परीक्षा थी। ओह फिर कोई चूका, नवयुवक उस प्रतियोगी के लक्ष्य भेदन से पूर्व ही ताड़ गया था की ये घूमती मछली की आँख को नीचे रखे जल से भरे कुंड में निहारकर भेदने का सामर्थ्य नहीं रखता। भला जो सही प्रकार से धनुष को सीधा थामना नहीं जान सका हो वो उसके संचालन में किस प्रकार निपुण हो सकता है। युवक का संयम छूट रहा है। एक मौका मिले तो वह क्षण भर में इस सभा को बता सकता है की धनुष विद्या किसे कहा जाता है व लक्ष्य कैसे भेदे जाते हैं। किन्तु अभी तक कृष्ण का संकेत युवक की नहीं मिला है। न जाने क्या सोच रहे हैं कृष्ण। क्या है उनके मन में। अपनी उत्कंठा को दबाये बैठा युवक जानता है की सफलता ने सदा उन्हीं वीरों के चरणों में शीश नवाया है। जिन्होंने संयम की कला सीखी है। अपने

भावों को अपने वेग को, अपने ज्ञान को जो वीर शांत भाव से प्रदर्शित करने की कला में निपुण हो पाया है। उसी के आदेश की दासी सदा सफलता की देवी बनी है। अतः संयम रे मन, संयम। अचानक युवक को लगा की कृष्ण की भृकुटी ने हलचल की है। युवक को उसका बहु प्रतीक्षित संकेत प्राप्त हुआ। मानो प्राण मिले। वर्षों से मन में पल रहा संयम आज स्वयं को समस्त संसार के सम्मुख प्रदर्शित कर देना चाहता है। स्वयं पर व अपने परिवार पर आज तक होते आये अत्याचार, भेदभाव का विरोध आज खुल कर करने का समय है। आज विश्व को अपनी भुजाओं का हुनर,अपनी आँखों का सामर्थ्य, अपने कौशल का परिचय देने का समय है। कुरुवंश के साथ ही समस्त राज्यों के परम योद्धा यहाँ आज उपस्थित हैं। आज नहीं तो कभी नहीं। सभा ने एक और प्रतियोगी को जल कुंड की ओर बढ़ते देखा। किन्तु यह सामान्य प्रतिभागियों से भिन्न है। इसका शरीर मानो अग्नि में तपा कुंदन है, इसकी एक एक शिरा अपने पर किये परिश्रम की कथा खुद कहती है। इसकी चाल में आत्मविश्वास झलकता है। क्या यह वीर राजा द्रुपद की असंभव सी प्रतीत हो रही इस प्रतिज्ञा की अग्नि में अपने कौशल का प्रदर्शन कर इसका मान रख पायेगा। युवक ने जलकुंड की ओर कदम बढ़ाये। चलते चलते शीघ्र दृष्टि से पांचाली की ओर देखा। आज इतिहास बनने वाला था। संशय सभा के मन में हो सकता है। युवक के हृदय में किंचित भी नहीं। उसने सदा गुरु की बताई बातें हृदय से ग्रहण की हैं। अपने अभ्यास में रात दिन की परवाह नहीं की है। परीक्षा कठिन जरूर प्रतीत हो रही है किन्तु युवक के लिए यह कौतूहल से अधिक कुछ नहीं। विद्यों पर अपने कौशल पर उसे उतना ही अटल विश्वास है जितना इस बात पर की समग्र ब्रह्माण्ड की गतियां योगेश्वर कृष्ण की तर्जनी से संचालित हैं।

फिर वो कोई साधारण मनुष्य तो स्वयं भी नहीं है। वो अपनी माता को देवताओं के राजा इंद्र के वरदान से प्राप्त हुआ है। आर्यव्रत के सर्वश्रेष्ठ गुरु आचार्य द्रोण का वह सर्वश्रेष्ठ शिष्य है। बचपन सी ही उसकी दृष्टि ने लक्ष्य के सिवा अन्य कुछ भी न देखने का अभ्यास किया है। उसे कृष्ण के रूप में सर्वोत्तम मित्र की प्राप्ति है। वह उत्तरा फाल्गुनी नक्षत्र में जन्मा सूर्य का सा प्रताप लिए पार्थ है, धनञ्जय है। वो जग को जीतने का सामर्थ्य रखने वाला अर्जुन है।

अर्जुन ने जल कुंड के निकट रखे धनुष को निहारा कुछ हलके स्तर का प्रतीत हो रहा है। किन्तु कोई समस्या नहीं। समग्र दृष्टि से उसने सभा को देखा व अंत में घुमते हुए लक्ष्य को देखा। अर्जुन ने मन ही मन गुरु को प्रणाम किया। वो आज जो कुछ भी है अपने गुरु के ही तो आशीर्वाद से है। घुटनों के बल बैठ कर धनुष को हाथ में लिया। हाँ अब ठीक है, अर्जुन का प्रिय अस्त्र उसके हाथ में है। धनुष हाथ में आते ही सदा से अर्जुन का आत्मबल आकाश को लांघने लगता है। कुछ भी असंभव नहीं रहता।

अर्जुन ने लक्ष्य साधा अपने ध्यान को मात्र मछली की आँख पर केन्द्रित किया, इतिहास साक्षी है सदा से की जिन वीरों ने लक्ष्य से सम्बन्ध रखा है, उन्होंने सदा उसे प्राप्त किया है। क्षण भर में समस्त ब्रह्माण्ड की शक्ति उसने अपनी भुजाओं में महसूस की, सभा सांस रोके खड़ी थी, धनञ्जय ने भी अपने श्वास की गति को नियंत्रित किया। क्षण भर में बाज की सी चतुर दृष्टि से लक्ष्य से अपनी दूरी को सटीकता से भांपा। अब मात्र ऊपर घूमती आँख का प्रतिबिम्ब जल में दिख रहा था। अर्जुन से क्षण की महत्ता को समझा व तीर छोड़ दिया। पलक झपकते ही बाण अपने लक्ष्य को भेद चूका था।

पुष्पों की वर्षा अर्जुन पर होने लगी थी। समस्त विश्व उसके बल की,उसके कौशल की थाह पा चूका था।

वह अपना सम्मान वापस प्राप्त कर चुका था। वह संसार का सर्वश्रेष्ठ धनुर्धर था। उसकी जय जयकार से सभा आनंद में डूब चुकी थी। पांचाली ने कृष्ण की और देखा। उन्होंने अपना वचन निभाया था। भगवान मंद मंद मुस्कुरा रहे थे।

सादर प्रणाम।

38. एकलव्य

संसार के श्रेष्ठ महाकाव्यों में महाभारत सहज ही अपनी श्रेष्ठता प्रमाणित करता है। हिन्दू धर्म पर ही नहीं अपितु संसार भर में अपने अपने समय काल के अनुसार इसका प्रभाव देखा गया है। ज्ञान का समुद्र गीता यहाँ से निकलती है तो भाई - भाई के द्वेष का परिणाम भी इसमें वर्णित है। अनगिनत कथाएं, अनगिनत चरित्र, अनगिनत मुखों, अनगिनत कलमों से महाभारत के सन्दर्भ में प्राप्त होते हैं। आपको भी संभवत इस महाकाव्य की प्रत्येक कथा व चरित्र याद हो। कई सूत्रों से कई साधनों से आपने बहुत कुछ नया ज्ञात किया होगा। किन्तु आज मैं योगेश्वर कृष्ण की कथा का इच्छुक नहीं हूँ न ही महाबली भीम का गुणगान करना चाहता हूँ। न मेरे कलम का लक्ष्य आज गांडीवधारी अर्जुन है, न दानियों में श्रेष्ठ सम्मान रखने वाले सूर्य पुत्र कर्ण। मैं इच्छुक हूँ उस भुला दिए गए नायक चरित्र को याद करने का, जिसके साथ संभवतः सबसे बड़ा विश्वासघात हुआ, जिसके अहम, जिसके सम्मान को राह के पत्थर की तरह ठोकर मार कर भुला दिया गया। जिसके आंसुओं की टीस, जिसके हृदय की वेदना, जिसके कंपकपांते अधरों के क्रंदन को उसकी छोटी जाति के कारण अनदेखा कर दिया गया। धर्म के रक्षक होकर भी चक्रपाणि वासुदेव ने एक बार भी जिसके प्रति हुए अन्याय का प्रतिकार तक न किया। प्रकृति ने जिसके साथ हुए छल का जिक्र पेड़ों की झुरमुठ में छिपा लिया। कलम उसी महानायक की यशगाथा गाने को आतुर है, जो बिना किसी वरदान के, जो बिना किसी देवता का पुत्र हुए, जो बिना किसी दैवीय अश्त्र की सहायता के भी निस्संदेह संसार के सर्वश्रेष्ठ धनुर्धारियों में था, सर्वोत्तम शिष्य था, सर्वोत्तम दानी था। उसकी विद्या का,

उसका बल उसके समकक्षों की नजर में कांटे की भांति चुभने लगा। अपने अभ्यास में अवरोध उत्पन कर रहे श्वान (कुत्ते)के मुंह को बारह बाणो से इस प्रकार भर कर बंद कर देना कि रक्त की एक बूँद भी न निकले, धनुष विद्या के सर्वाधिक कठिन अध्याय "शब्द- भेदी" का सर्वोत्तम उदाहरण था। ब्रह्माण्ड में इस विद्या के वैसे ही बहुत अल्प जानकार हैं, किन्तु जिस स्तर पर इसके साक्षी आज द्रोण हो रहे हैं, ये असंभव है। निस्संदेह जिसने भी ये किया है वो कोई साधारण मनुष्य नहीं हो सकता। कौन है ऐसा पारंगत धनुर्धारी, इस जिज्ञासा सहित जब गुरु के साथ सारे राजकुमार वन में पहुंचे तो एक साधारण भील पुत्र को उन्होंने बड़े ही साधारण स्तर के धनुष से अभ्यास करते हुए पाया। बगल में पड़ा बाणों का ढेर, कुक्कुर के मुंह से मिले बाणो के सहयोगी होने की स्पष्ट चुगली कर रहा था। द्रोणाचार्य को अपनी आँखों सहसा विश्वास नहीं हुआ। नहीं ये चमत्कार इस बालक के सामर्थ्य में नहीं। कहीं ये भेष बदले स्वयं गुरु फरशुराम ही तो नहीं अथवा कोई देवता है मनुष्य भेष में। फरशुराम ये नहीं हैं। व स्वयं धनुर्विद्या के पृथ्वी पर सर्वश्रेष्ठ आचार्य जानते हैं कि देवताओं में भी धनुर्विद्या का इतना पारंगत तो कोई नहीं है। फिर ये कौन है। कौन है तुम्हारा गुरु " नसतं प्रतिजग्राह नैषादिरिति चिन्तयन्। शिष्यं धानुषधार्मज्ञ: तेषामेवान्ववक्षया " जिसने तुम्हे धनुष विद्या का मर्मज्ञ बनाया है निषाद।

"मैं आपका ही शिष्य हूँ। गुरुदेव, आप ही मेरे आराध्य हैं, शब्द भेदी बाण चलाने में अर्जुन को अभी बहुत अभ्यास व समय लगने वाला था, किन्तु ये भील युवक कितनी सहजता से इसे अंजाम दे रहा है। गुरु की आँखें फटी रह गयीं। क्या सोचते थे वे और आज वास्तव में क्या है। कहाँ तो अपनी दृष्टि में वे अर्जुन को संसार का सर्वश्रेष्ठ धनुर्धर बना रहे थे व लगभग इसमें

सफल भी हो गए थे और कहाँ मात्र धनुष को थामने का ही तरीका इस भील पुत्र के आगे होने की गवाही दे रहा है। इस छोटी आयु में शरसंधान के जो सबक इस भील ने कंठस्थ किये हैं, उससे उन्हें अर्जुन और स्वयं दोनों के स्वप्नों पर पानी फिरता स्पष्ट दिख गया है।

" तमब्रवीत् त्वयांगुष्ठो दक्षिणो दीयतामिति "

इन शब्दों का द्रोणाचार्य के मुंह से निकलना था। कि समस्त ब्रह्माण्ड के साथ ही एकलव्य के हृदय पर कुठाराघात हुआ। पूर्व में हुए अपमान को बिसराकर एकनिष्ठ भाव से एकलव्य ने भले ही द्रोण को अपना गुरु मान उनकी प्रतिमा के समक्ष धनुष चलाना सीखा हो, किन्तु इसमें जरा भी संशय नहीं कि ये उसके नैसर्गिक, प्राकृतिक जन्मजात प्रतिभा ही है कि एकलव्य जंगली बांस से बने अपने धनुष के जोर से अनगिनत सुविधाओं से, नवीनतम अस्त्रों से सुसज्जित व संसार के श्रेष्ठ गुरु आचार्य द्रोणाचार्य की शिक्षा से कृतार्थ होने वाले कुरु राजवंशियों सहित स्वयं आचार्य को भी अचंभित कर सका है। पांडू पुत्र अर्जुन का समस्त गर्व मानो आज आंसुओं के साथ बह जाना चाहता है। अर्जुन ने तिरछी दृष्टि से गुरु की ओर देखा मानो उलाहना देना चाहता हो। आपने तो कहा था कि मुझे आर्यव्रत का सर्वश्रेष्ठ धनुर्धर बनायेंगे। मेरे बल के आगे कोई नहीं टिकेगा, फिर ये कौन है, भेषभूसा से तो जंगली मालूम होता है। अर्जुन के मन में ईर्ष्या की आग मानो उसे ही आज जला कर भस्म कर देगी।

संसार सदा से सबल का पक्ष लेता रहा है। "सबहु सहायक सबल के, कोउ न निबल सहाय, पवन जगावत आग तें अरु दीपक देत बुझाय "
ऊँची जाति के, उच्च वंश के, उच्च कुलीन राजकुमारों के आगे एक भील

पुत्र को श्रेष्ठ होने का कोई अधिकार नहीं था। द्रोणाचार्य के झूठे अहं की प्रभावशाली वायु ने एकलव्य रुपी दीपक को फूँक मारकर बुझा दिया (अपने गुरु फरसुराम की परंपरा को आचार्य द्रोण ने कायम रखा)। दूर कहीं शिव की आँखों से इस अन्याय पर एक अश्रु टपका, जिसने कुरुवंश के नाश की भविष्यवाणी कर दी। इतिहास साक्षी है कि सुपात्र का अधिकार छीन कर कुपात्र को दिया ज्ञान सदा से विनाश का कारण है।

ज्योतिषशास्त्र गवाह है कि उत्तरा फाल्गुनी नक्षत्र का जातक अपनी स्त्रीस्वभाव युक्त जिद से सदा अपना मंतव्य पूरा करता रहा है, पार्थ ने आज उसे सच कर दिखाया। अर्जुन की इच्छा पूर्ण हुई। मुझे गुरु दक्षिणा में अपना अंगूठा दो। आचार्य द्रोण का ये कथन मानो सदा के लिए उन पर कलंक लगा गया। वे स्वयं अपने वचन पाश में बंधकर विवश थे, कुरु वंश के राजकुमारों के सिवा अन्य किसी को शिक्षा नहीं दूंगा। द्रुपद के वचनभंग के पश्चात याद है द्रोण को कि अश्वथामा को चावल का पानी दूध बताकर पिलाते थे। अब उस अभाव के बारे में सोच कर भी सिरहन होती है। नहीं वो भीष्म को किसी कीमत पर रुष्ट करने का साहस नहीं कर सकते। एकलव्य को पीछे हटना ही होगा। बिना अंगूठे के शर संधान नहीं हो सकता। " तमब्रवीत् त्वयांगुष्ठो दक्षिणो दीयतामितिसकता"। तो मुझे अपना अंगूठा गुरुदक्षिणा में दो। किन्तु जितना समय महादानी सूर्यपुत्र कर्ण ने देवराज इंद्र के कवच कुण्डल मांगने पर उन्हें अपने शरीर से अलग करने में लगाया होगा उससे शतांश समय में एकलव्य का अंगूठा आचार्य के चरणों में था। ब्रह्माण्ड त्राहि कर उठा। शिष्य होने की नयी परिभाषा वो वीर आज गढ़ चुका था। युगों तक जिसका उदाहरण न मिला, न मिले, वो दान निषाद पुत्र ने पलक झपकने से पूर्व प्रस्तुत कर दिया। युवा अवस्था में कदम

रख चुके द्रोण पुत्र अश्वथामा का हृदय ग्लानि से भर उठा। पिता का अर्जुन के प्रति विशेष प्रेम उससे कभी छुपा नहीं था। किन्तु आज उसका मन अर्जुन के प्रति भी घृणा से भर उठा। वो स्वयं वीरों की अग्रिम श्रेणी का धनुर्धर बनने की प्रक्रिया से गुजर चुका था। बिना सहयोग, बिना सुविधा, बिना किसी वरदान के स्वयं अभ्यास की ज्वाला में तपकर आज धनुष विद्या का इतना पारंगत होकर भी एकलव्य ने सहज ही उसके पिता को अपना गुरु बता, अपना समस्त कौशल, अपना समस्त नैसर्गिक हुनर उनके चरणों में बिना किसी शंका के गुरु के आदेश को शिरोधार्य कर, अर्पित कर स्वयं विधाता को भी हतप्रभ कर दिया। संसार सदा से ही समर्थ का पक्ष लेता रहा है, लेता रहेगा। एकलव्य जैसे वीरों का, दानियों का यहाँ कोई मूल्य नहीं। कमजोर सदा से प्रताड़ित हुआ है, होता रहेगा।

कथाओं में इससे अधिक एकलव्य का जिक्र नहीं के बराबर है। कहते हैं बाद में एक दिन अर्जुन अपने साथियों के साथ गुपचुप तरीके से निषादों की बस्ती की तरफ गया। वहां उसने अँधेरे में मात्र हाथ की चार अंगुलियों से एकलव्य को धनुष विद्या का अभ्यास करते देखा। छोटे बालक के धनुष चलाने के समान एकलव्य के बाण कुछ गज से आगे नहीं जा रहे थे। अर्जुन ने व्यंगात्मक हंसी हंसकर एकलव्य का उपहास किया व मन में तृप्ति के भाव लिए लौट आया। एकलव्य की आँखों में आंसू अवश्य थे किन्तु उन आंसुओं के पीछे की ज्वाला अर्जुन को नहीं दिखाई दी।

विष्णु पुराण व हरिवंश पुराण की कुछ कृतियों में उल्लेख मिलता है कि अपने समय में एकलव्य निषाद वंश का राजा बना जिसने जरासंध की सेना की तरफ से मथुरा पर आक्रमण किया व यादव सेना का लगभग सफाया कर दिया। यादवों के हाहाकार से जब कृष्ण का ध्यान सेना के उस हिस्से

पर गया तो उन्होंने रथ पर आरूढ़ एक धनुरधारी को दाहिने हाथ की मात्र चार अंगुलियों की सहायता से इतनी तीव्रता व सफाई से बाण चलाते देखा कि उन्हें सहसा इस दृश्य पर विश्वास नहीं हुआ । वो अकेला ही सैकड़ों यादव महारथियों को रोके उनका संहार कर रहा था । पलक झपकने से पूर्व उसके धनुष से सैकड़ों बाण निकलते थे व अपने लक्ष्य को भेदते थे । कृष्ण यदि जानते न होते कि उनके परम सखा कुन्तीपुत्र अर्जुन इस समय हस्तिनापुर में हैं, तो संभवतः इस योद्धा को अर्जुन मानने की ही भूल कर बैठते । कहते हैं कि युद्ध में एकलव्य भगवान कृष्ण के हाथों वीरगति को प्राप्त हुआ । अतः सहज ही अनुमान लगाया जा सकता है कि एकलव्य अंगूठा दान करने के पश्चात भी फिर से धनुर्विद्या का पारंगत हुआ। हाँ संभव है कि वो अपने पहले के स्तर स्पर्श न कर पाया हो, किन्तु जिस प्रकार जरासंध -यादवों के युद्ध में उसने यादव सेना को अकेला ही संकट में डाल दिया व स्वयं चक्रपाणि कृष्ण को हतप्रभ कर दिया ,वो उसकी जिजीविषा की कहानी स्वयं बखान करता है ।

कालान्तर में जब युद्ध के बाद सब अपनी अपनी वीरता का वर्णन सुनाने लगे तो भगवान कहते हैं कि अर्जुन तुम नहीं जानते तुम्हारे प्रेम में मैंने क्या नहीं किया है । तुम संसार के सर्वश्रेष्ठ धनुर्धर कहलाओ इस हेतु द्रोणाचार्य का वध कराया, महापराक्रमी कर्ण को कमजोर किया और न चाहते हुए भी तुम्हारी जानकारी के बिना भील पुत्र एकलव्य को भी वीरगति दी ताकि तुम्हारी राह निष्कंटक बने। अकस्मात, एक स्तब्ध मौन सभा में पसर गया।

सादर प्रणाम।